VANESSA.

FELIZ NAVIDAD 1993

DESEO QUE TU RETORNO

A INGLATERRA SEA

EL INICIO DE UNA NUEVA VIDA

CON MUCHAS COSAS BUENAS PARA

TI, Y QUE MEXICO ESTE EN TU

CORAZON PARA SIEMPRE

CON LOVE   TOÑO

Follow your heart —

Richard. x

¡LAS ONCE Y SERENOOO!

TIPOS MEXICANOS

Siglo XIX

Introducción, selección de textos e investigación iconográfica

Cristina Barros   **Marco Buenrostro**

**CONSEJO NACIONAL PARA
LA CULTURA Y LAS ARTES
DIRECCION GENERAL DE
PUBLICACIONES**

*LOTERIA NACIONAL
PARA LA ASISTENCIA PUBLICA*

**FONDO DE CULTURA
ECONOMICA SA de CV**

Primera edición, 1994

D.R. ©, 1994, Consejo Nacional para la Cultura y las Artes
Arenal 40, col. Chimalistac, México, D.F.

D.R. ©, 1994 Dirección General de Publicaciones
Avenida Revolución 1877, México, D.F.

D.R. ©, 1994, Lotería Nacional
Avenida Juárez y calle de Rosales, México, D.F.

D.R. ©, 1994, Fondo de Cultura EConómica, S.A. de C.V.
Carretera Picacho-Ajusco 227, 14200 México, D.F.

ISBN 968-16-4531-6

Impreso en México

¡LAS ONCE Y SERENOOO !

TIPOS MEXICANOS

Siglo XIX

stamos en 1870. Detengamos nuestro paso en lo alto del camino a Toluca para contemplar el Valle de México. Poco ha cambiado desde que lo describieran Francis Calderón de la Barca, Brantz Mayer o Marcos Arróniz hacia 1840; tampoco es muy diferente a la imagen que dejará José María Velasco diez años más tarde: en el oriente aparecen el Iztaccíhuatl y el Popocatépetl cubiertos de nieve casi hasta las faldas; a sus pies, los lagos de Texcoco y Chalco reflejan el color azul del cielo. Las tierras son fértiles, y grupos de árboles salpican la planicie. A la derecha, Xochimilco con sus ahuejotes en hileras, que señalan el curso de los canales y la cuadrícula de las chinampas. La ciudad de México se distingue en la lejanía. Destacan las cúpulas y las torres de sus iglesias. Hacia el sur del valle, aparece majestuoso el Ajusco y podemos distinguir la cañada de Contreras. Cerca de ahí, los pueblos de La Magdalena y San Jerónimo. Si bajamos la mirada hacia el centro, aparecen Tizapán y después San Ángel, y más adelante Mixcoac y Tacubaya perfectamente diferenciados. Sobresale el Castillo de Chapultepec; los ahuehuetes cubren las faldas del cerro. En el noroeste los pueblos de Tacuba, San Joaquín y Azcapotzalco. Al norte la Villa de Guadalupe. Varias haciendas, molinos y plantaciones de trigo y maíz completan el paisaje.

Aquí y allá aparecen macizos de nopales o magueyes sembrados en líneas paralelas. Sólo se escucha el canto de los pájaros que cruzan presurosos hacia el follaje de los pirues, tepozanes, fresnos.

La ciudad se comunica con las diversas poblaciones que la rodean por caminos y calzadas, como la de San Agustín de las Cuevas (Tlalpan), y la del convento de Guadalupe, que nos lleva a las puertas de la ciudad. También por los canales, como el de Chalco, La Viga y Santa Anita, y por ferrocarril. El que va a la Villa fue inaugurado en 1857; el de Veracruz en 1873, éste sale de la estación de Buenavista y cruza los estados de Hidalgo, Tlaxcala y Puebla. Las diligencias son el principal medio de transporte. Hay varias líneas: las de Veracruz, Tepic, Morelia, Toluca, Cuernavaca, Pachuca y Cuautla, y las que van a diversas poblaciones del extenso Estado de México. Se puede llegar además, a caballo o en mula.

La capital es pequeña. Tiene poco más de 15 000 kilómetros cuadrados de superficie. De norte a sur mide 5 681 metros y sus límites son las garitas de Peralvillo y de la Candelaria; de oriente a poniente hay 4 500 metros y van desde el Puente de San Lázaro hasta San Cosme. El agua de la ciudad de México es *agua gorda*, la que más sales contiene. Proviene de la fuente de la *Alberca chica* ubicada en Chapultepec, y corre por un acueducto que desemboca en la fuente del Salto del Agua. Como no es suficiente para surtir a toda la ciudad, también llega *agua delgada* del manantial de Santa Fe, cercano al pintoresco pueblo del mismo nombre, y de los manantiales del Desierto de los Leones. El agua fluye por cañería de plomo desde la Villa de Guadalupe hasta la garita de Peralvillo. Pocas casas cuentan con servicio de agua corriente, por eso los aguadores son tan importantes para el abasto de agua. En 1862 había ochocientos cuarenta y siete registrados. La ciudad se inunda cuando las lluvias son intensas, como recordando su pasado lacustre.

Ha habido algunos adelantos desde que el virrey de Revillagigedo mandó poner faroles en las calles, atendidos por los serenos provistos de chuzo, pito, linterna, escalera y alcuza para servir el aceite. Las lámparas de aceite, por cierto, han comenzado a sustituirse por faroles de gas. En 1862, se instaló la primera fábrica de gas para el alumbrado público que surte las ochocientas diez luces de gas hidrógeno. Aumentaron el alumbrado de la ciudad. El servicio de limpia cuenta con carros diurnos y nocturnos, y los paleros se encargan de retirar el lodo de los muchos caños abiertos. Fundamental también, es la limpieza de las ríos y las acequias, pues todavía tiene varias "calles de agua" con sus puentes: los del Espíritu Santo, de la Leña, del Clérigo, del Cuervo.

Estos servicios atienden a no más de doscientos mil habitantes que viven en cerca de cuatro mil casas de uno y dos pisos, repartidas en doscientas cuarenta y cinco manzanas. La administración pública las ha dividido en ocho cuarteles mayores con sendos regidores, y treinta y dos menores, a cargo de un inspector. Abundan las iglesias y los conventos, aunque estos últimos han disminuido, desde que las leyes de Reforma determinaron la exclaustración.

La gente acostumbra a pasear por la Alameda; también por el Paseo de Bucareli, a las orillas de la ciudad, que ofrece una hermosa puesta de sol. Poco a poco lo va desplazando el Paseo de la Reforma. Al comienzo de la primavera, el Paseo de La Viga resulta animado con el ir y venir de las trajineras cargadas de verduras y flores. Las embarcaciones de pasajeros llevan músicos y hasta parejas de baile. Hacia 1850 se inauguró el servicio de un buque de vapor que llevaba pasajeros de la ciudad hacia Chalco y otros lugares cercanos, como Mexicalzingo. Para caminar y platicar en las noches de luna, se ha puesto de moda el Paseo de las Cadenas, junto al atrio de catedral. También se hace tertulia en los cafés, son los más concurridos *El bazar* y *La gran sociedad*. Las comidas elegantes, que muchas veces terminan al anochecer, tienen lugar en el *Tivoli de Fulcheri*.

Los billares, las peleas de gallos, las maromas (similares a las carpas), el circo, los títeres son diversiones populares. Hay funciones de teatro, ópera y zarzuela en los teatros *Iturbide, Nacional* y *Principal*. Todas las clases sociales acuden a las corridas de toros y a las ascenciones en globo aereostático. El *Gran Circo Chiarini* ha sentado sus reales en los terrenos del antiguo convento de San Francisco, situado en la calle del mismo nombre.

Para nadar no hay como la *Alberca grande* en Chapultepec (manantial de propiedad privada), y la muy conocida *Alberca Pane*, ubicada en el ángulo que forman el Paseo de Bucareli y la Reforma. Muy cerca de ahí están las albercas *Blasio* y *Osorio,* que al igual que los baños de *El Factor* se ponen a reventar el día de San Juan. Para curarse de toda clase de males, nada como los baños del Peñón.

Una parte del comercio se ejerce en tendajones, tiendas de abarrotes, tabaquerías, carnicerías, tocinerías. Las ciento once bizcocherías y chocolaterías,

1

2

3

1.-Cargador, Códice de Féjérvary-Mayer, lám. 14. Fototeca IIE-UNAM.
2.-Figura Prehispánica en cerámica, archivo de la Coordinación Nacional de Difusión, INAH.
3.-"Albarrasado". Castas de México, fragmento. Museo de América. Fototeca IIE-UNAM.

cuarenta y cuatro panaderías, treinta y ocho dulcerías, doce azucarerías y melerías, ochenta y cuatro cafés y neverías, dejan claro que los habitantes de la ciudad son especialmente golosos. Las decenas de pulquerías: *Nana Rosa, La no me estires, La currutaca, Los amores del turco, Los pelos,* señalan donde quedan muchos días las ganancias de los vendedores ambulantes que inundan las plazas de la ciudad y los portales.

Acerquémonos. En el centro de la ciudad está el Portal de Mercaderes con mercerías, librerías, sombrererías, cafés, y para delicia de los niños, puestos de dulces y juguetes. Las especialidades del Portal de la Flores son lienzos, sarapes, sombreros y "ropa hecha al gusto del país", y desde luego, las flores naturales y de papel de "colores rechinantes". En el Portal de Santo Domingo se encuentran los evangelistas, siempre dispuestos a redactar cartas bajo pedido: trámites administrativos, saludos a la familia, mensajes de amor apasionado o recatado, todo al gusto del cliente.

Hasta los mercados de Jesús, Villamil, Santa Catarina, Iturbide y calles aledañas, llegan los indios de los alrededores a vender sus mercancías: flores, frutas, pollos, calandrias, jilgueros y zenzontles que inundan el aire con sus cantos. En el camino, se cruzan con numerosos vendedores ambulantes que ofrecen mercancia nacional o importada; mil cosas inútiles que llaman la atención del sexo femenino. Muchos de ellos pregonan su mercancia modulando la voz según el caso: alguien vende patos, más allá se escucha la voz del carbonero, dos hombres llevan cabezas de carnero en un horno. Si es tiempo de calor no falta el nevero y los coloridos puestos para la venta de aguas frescas. Los mil seiscientos cargadores se ocupan de llevar desde paquetes de regular tamaño, hasta el ajuar completo de una casa. Los billeteros ofrecen sueños en cada fracción de las diversas loterías que hay en la ciudad.

El colorido de este mundo bullicioso, el modo de ser de cada vendedor, su peculiar manera de vestirse, no escapa a los ojos de Antioco Cruces y Luis Campa, que se conocieron siendo estudiantes en la Academia de San Carlos. Han montado por estos años uno de los veintidós negocios de fotografía que consigna Juan N. Valle en *El viajero en México* y que están ubicados en las principales calles de la ciudad, entre otras, Plateros y San Francisco. Tienen el proyecto de hacer una colección fotográfica con estos tipos populares.

La idea no es nueva. Su vertiente europea puede ubicarse en el siglo XVI

1.-Edouard Pingret, "Cedacero". Banamex. Fototeca
IIE-UNAM.
2.-Vendedora de Pulque, biombo con escenas de la
vida colonial en México, fragmento. Museo de
América.
3.-Agustín Arrieta, "Vendedora de aguas frescas",
fragmento. Fototeca IIE-UNAM.

en Francia, donde aparecen grabados de los mercaderes ambulantes de la ciudad de París; un siglo más tarde Abraham Bosse hizo una serie de marchantes callejeros. Los llamados "gritos de París" se representaron a lo largo del siglo XVIII. Pero sobre todo hacia 1850, ante la posibilidad de que desapareciera el comercio callejero debido a la revolución industrial y a una forma de comercio más centralizada, numerosos periódicos, libros y revistas se dedicaron a describir y a analizar los oficios de estos personajes; los fotógrafos jugaron un papel importante: Humbert de Molard, Hipolyte Bayard, Charles Nègre.

En México, Linati introduce la litografía en 1828 y los oficios callejeros serán motivo plástico para él y otros artistas como Casimiro Castro, para no hablar de Hesiquio Iriarte y Andrés Campillo, ilustradores de la obra *Los mexicanos pintados por sí mismos* que, con textos de Ignacio Ramírez, Niceto Zamacois, Hilarión Frías y Soto, logra una amalgama entre la plástica y la literatura que refleja la importancia que tuvo el tema en su época. Los pintores Egerton, Rugendas y Pingret también dejaron su testimonio. Y quedaron además reflejados en los espléndidos grabados de José Guadalupe Posada, en las viñetas de Manilla. Las

fotografías de Cruces y Campa serán representativas de esta corriente que pasa por la pintura y llega al arte fotográfico en sus primeros años, cuando aún no se han definido como especialidades independientes.

Pero hay una continuidad temática que se remonta aún más en el tiempo. Una revisión de los códices, especialmente del florentino, el mendocino, el magliabechiano, el Fejérváry-Meyer, el Nuttal, nos permite encontrar representados a los cargadores con su mecapal y su bastón para apoyarse, a los vendedores de escobas, a las molenderas, a los vendedores de flores; también encontraremos a las tortilleras y a los vendedores de rebozos; los conductores de canoas están ahí. Algunas de estas figuras pueden encontrarse también en los murales prehispánicos y en magníficas figuras de arcilla. Bernal Díaz y después Clavijero, se referirán a los diferentes oficios de los antiguos mexicanos.

En la colonia el aguador, el zapatero remendón y otros personajes aparecerán en la pintura de castas y en los biombos. La extraordinaria habilidad manual de los indios mexicanos, se manifiesta en la facilidad con que elaboran en tela y cera estos tipos populares. Lo comentan propios y extraños. Los cargadores y los vendedores, mientras esperan al cliente, hacen salir primores de sus manos, representándose a sí mismos: indias vendiendo legumbres, los hombres correo cargados de monos y papagayos: "una historia de México en miniatura". Las guías de viajeros anuncian frutas y figuras de cera en la cerrada de Santa Teresa, frente al número dos y en la calle de la Acequia. El pueblo también se representa en pequeñas figuras de barro, llamadas monotipos por su calidad de piezas únicas.

Pero regresemos a nuestros fotógrafos. La historia de su quehacer se inició en Veracruz en diciembre de 1839, cuando el grabador y comerciante François Prelier Duboille, con residencia en la ciudad de México, desembarcó de la corbeta francesa Flore con varios daguerrotipos. Con uno de ellos hizo las primeras tomas de que se tiene noticia en el país: Castillo de San Juan de Ulúa, los médanos, el centro de la ciudad.

El daguerrotipo llamó mucho la atención en México, pero sólo se beneficiaron con el invento francés las clases altas que podían adquirir los costosos aparatos en los establecimientos de accesorios para daguerrotipia importados de Europa y Estados Unidos, o mandarse a hacer un daguerrotipo a los estudios que surgían con

mexicanos o extranjeros al frente: Halsey, Doistua (que sería el primero en ofrecerlos coloreados), Hoit.

La fotografía significó un cambio: se podían multiplicar el número de copias a partir del mismo negativo; fue posible hacer amplificaciones, y el costo era reducido. La consecuencia fundamental fue la democratización del retrato, que antes sólo era posible para las clases pudientes. En adelante una amplia capa de la sociedad podía disfrutar de las ventajas de la fotografía. Un objeto que era de uso personal por tener la característica de único, pronto trascendió la esfera puramente familiar; ahora los amigos, los parientes avecindados en lugares distantes, podrían guardar una copia en sus propios álbumes.

Los diarios íntimos se transforman o se amplian y se convierten en registros de imágenes fotográficas. Y también se puede viajar a lugares distantes, exóticos, a través de los álbumes de fotografía. Desiré Charnay hace tomas de la zona arqueológica maya, el norteamericano Halsey presenta su álbum fotográfico *La Ciudad de México y sus alrededores* con veinticuatro vistas y la *Revista Universal* anuncia, en diciembre de 1868, el *Album fotográfico mexicano* de Miguel R. Fernández.

Si antes los daguerrotipos y los

ambrotipos se guardaban en hermosos estuches, ahora, que una misma imagen se podía multiplicar y dar paso a una cierta despersonalización, los álbumes se comercializaban: los de personajes de época y los de tipos populares. Así aparecían colecciones en álbumes de pastas repujadas, herrajes metálicos y hojas de cartón obturadas al tamaño de la fotografía, que respondía generalmente a una modalidad que había patentado en Francia Adolphe Disderi: la "tarjeta de visita", lograda con una cámara que tenía un juego de cuatro lentes que permitían obtener ocho tomas de 6x9 centímetros a partir de una placa de 21x26 centímetros, que contribuyó también a una mayor difusión de la fotografía. En este formato trabajarán Antioco Cruces y Luis Campa sus colecciones de protagonistas de la historia del México de su época y de tipos populares mexicanos.

Podemos imaginarlos fotografiando siempre con esmero y con gusto artístico a damas distinguidas, a impecables caballeros, a niños y adolescentes de las clases media y alta que, al ir a la prueba de un traje o de un vestido a la calle de Plateros, caminaban rumbo a la plaza mayor, el "zócalo", y subían a la azotea en que se ubicaba el estudio, cada vez más famoso, de Cruces y Campa. Y era necesariamente la azotea, porque se requería la mayor cantidad de luz natural para que las fotografías fueran buenas. El resto del edificio lo ocupaban los laboratorios, las salas de exhibición fotográfica y las recepciones; los tocadores donde los que iban a retratarse se daban los últimos "toques de belleza" antes de pasar a fotografiarse: se trataba de un acontecimiento importante en la vida de cada persona. A pesar de que el tiempo de exposición se había reducido desde el daguerrotipo, podían verse los *appuie-tête* o los *appuie-tronc*, soportes de cabeza y torso, y diversos objetos y muebles que ambientarían la fotografía de acuerdo con el temperamento o la actividad del fotografiado.

Encontraremos el nombre de Luis Campa como contribuyente en la suscripción que se hizo de una espada de honor al general Ignacio Zaragoza. Más allá de convicciones políticas, por su estudio de San Francisco y sucesivamente por los de Escalerillas, Vergara y Empedradillo desfilarán liberales y conservadores. Se harán famosos los trabajos de estos fotógrafos de Maximiliano y Carlota; aun más sus fotografías de Benito Juárez, de las que venderán veinte mil ejemplares en los días posteriores a su muerte. Desde el primer momento hay en las fotografías de Cruces y Campa

1.-"Vendedora de comida", figura mexicana de cera del siglo XIX. Museo de América.
2.-Claudio Linati, "Vendedor de aves y dulces". Trajes civiles y militares". Fototeca IIE-UNAM.
3.-Manuel Manilla, "Mercero". Fototeca IIE-UNAM.

un sello especial, sin duda marcado por su vocación por la pintura, no en balde hicieron una brillante carrera en la Academia de San Carlos, donde fueron premiados en algunas materias. En 1872, Juan A. Mateos reconocerá en ellos su gran inteligencia y el estilo de conservar, en sus fotografías, las reglas de la estética. Considera que serán "autoridades reconocidas en el mundo del arte", afirmación importante. no sólo por ser elogiosa para los fotógrafos, sino porque otorga ya a la fotografía, un lugar entre las artes. Luis Campa no dejará nunca de estar vinculado con San Carlos; en la época en que funda la sociedad con Antioco Cruces, una reseña de la exposición en la Academia, señala que ha sido merecedor de una mención especial por dos de sus grabados en dulce. También se le nombra director de la clase de grabado en lámina. Campa nunca dejará la docencia, tarea en la que persistirá, aun después de abandonar la sociedad fotográfica con Cruces.

Esta vinculación con las artes plásticas está presente en el desarrollo del proyecto original de Cruces y Campa: distraer tiempo y esfuerzos para realizar la colección de tipos mexicanos. Con amoroso cuidado, diseñarán los telones para ambientar estas fotografías: Xochimilco, Catedral, fuente del Salto del Agua. Con tenacidad lograrán convencer a la chiera, a la enchiladera, a los vendedores de odres, a los aguadores, a los serenos y policías diurnos, a las lavanderas, carboneros y remeros. Todos ellos subirán a su estudio para ser fotografiados. Con ellos llevarán hasta ahí un maguey para ambientar al tlachiquero; una trajinera para los chinamperos, y persistentemente, los pilones que con objeto de impedir que los carruajes destruyan las esquinas, se encuentran en diversas calles de la ciudad. En la Exposición Internacional de Filadelfia de 1876, se les premiará por la calidad de su trabajo y por el manejo magistral de la iluminación.

Pero no es un mero ejercicio fotográfico. Si el pueblo continúa recreándose a sí mismo a través de títeres, monotipos, figuras de cera y arcilla, entre los intelectuales y artistas nacionales se manifiesta la necesidad de encontrar una identidad propia, de reconocer, de describir, descubrir y dar a conocer lo mexicano. Cruces y Campa, junto con Luis G. Inclán, José T. Cuéllar, quienes transitaron también por los caminos de la fotografía, con Guillermo Prieto, Ignacio Manuel Altamirano, Manuel Payno, Hilarión Frías y Soto, entre los escritores, y con Casimiro Castro, Hesiquio Iriarte,

1.-"Policía", títere en barro y tela. Col. Marco Buenrostro.
2.-"Panadera", monotipo de barro de Jalisco. Col. Marco Buenrostro.

Andrés Campillo en el grabado, además de los pintores populares anónimos, dejarán constancia de los personajes característicos de las ciudades de una nueva nación: Guadalajara, Querétaro, Oaxaca, Puebla, México. Los viajeros extranjeros también verán con entusiasmo, y a veces con disgusto, a los habitantes de esta tierra, y harán un registro cuidadoso de su modo de ser y sus costumbres.

Este universo se modificará parcialmente con los cambios y sucesivas transformaciones de los centros urbanos: los aguadores, por ejemplo, desaparecerán al llegar el agua entubada hasta las casas; se transmutarán en vendedores de agua purificada; el antiguo carbonero será el vendedor de ¡gaaas! que utilizará su pregón para anunciarse y seguirá habiendo vendedores de mil objetos: "¡lleve, lleve, lleve!", "¡todo a peso, todo a peso!", incluidas las hierbas y ungüentos medicinales, "¡que no le digan, que no le cuenten porque a lo mejor le mienten, este producto se unta, se frota ..." En el paisaje urbano surgirá el camotero con su nostálgico silbido que todavía se escucha en las calles de la ciudad, o el cilindrero cuya música también transita por los caminos de la nostalgia.

Antioco Cruces y Luis Campa detuvieron el tiempo para nosotros.

Caminemos por las calles de la ciudad de México, detengámonos a ver sus personajes de digno porte, escuchemos sus pregones, retomemos la ciudad que fue y con los mismos ojos de Cruces y Campa, observemos la ciudad de hoy, viva, llena de propuestas. También de despedidas.

VENDEDORA DE HORTALIZAS

En ciertas épocas del año, en la Semana de Dolores, por ejemplo, el comercio sólo de las flores parece increíble pero importa miles de pesos y el extranjero que visite el país con algún interés histórico... encontrará mucho que le dé una idea de los tiempos anteriores a la conquista. Las indias aseadas, con su liso cabello negro, sus blancos dientes que enseñan con franca y sencilla risa, vestidas con huipiles y enaguas de telas de lana o de algodón de colores fuertes y conduciendo hábilmente sus ligeras chalupas llenas de legumbres o de flores, presentan un aspecto pintoresco y un tipo agradable que no se puede encontrar en ninguna parte de Europa...

[En] el canal de la Viga, surcado por más de cien chalupas y canoas cargadas de flores, con sus casas ruinosas por un lado, que se asemejan a las de los canales interiores de Venecia y que fueron una cierta época residencias suntuosas de los ricos, y por el otro las anchas calzadas con arboledas... se puede a la vez y en el mismo cuadro observar la raza antigua indígena con sus trajes y costumbres primitivas, y a la gente criolla de origen español, con las pretensiones aristocráticas del lujo parisiense.

Manuel Payno, *Los bandidos de Río Frío*, [h. 1850], p. 147

VENDEDORES DE HORTALIZAS

México, a 11 de abril de 1832

De la Alameda ya te he escrito, y del paseo de La Viga debo decirte que acaso tiene una milla inglesa de largo. La arboleda se extiende a uno y otro lado del canal, por un lado, por el que suben y bajan incesantemente anchas y largas trajineras, y por el otro las numerosas carretelas, jinetes y transeúntes que van y vienen por el mero paseo, dan a la escena una vital alegría. Especialmente las trajineras proporcionan a menudo un divertidísimo espectáculo, ora cuando van cargadas de chinamperos y labriegos que llevan flores a la ciudad, y que corónanse asimismo con ellas, ora cuando las clases bajas de la capital se embarcan en las barcas en plan de paseo, siendo entonces nada raro ver por aquí y por allá a las jóvenes parejas retozando y bailando un aire nacional al son de las guitarras, en tanto que el resto de la compañía se divierte y ríe cordialmente viendo la danza...

La arboleda de este paseo no es tan hermosa como la de la Alameda; mas los grupos montañosos que se ven al fondo, entre los cuales sobresalen notoriamente las cumbres nevadas de los dos volcanes, dan a la perspectiva un no sé que de extrañamente pintoresco...

Carl Christian Becher, *Cartas sobre México*, [1832-1833], p. 94

VENDEDORES DE HORTALIZAS

Este *Paseo* [de Bucareli] goza de una hermosa vista de las montañas, pero prefiero mucho más el de la Viga, que ahora se está poniendo de moda. Le bordea un canal, con árboles que le dan sombra, y que conduce a las *Chinampas* y se ve siempre lleno de indios con sus embarcaciones, en las que traen fruta, flores y legumbres al mercado de México. Muy temprano en la mañana, es un agradable espectáculo verlos como se deslizan en sus canoas, cubiertas con toldos de verdes ramas y flores...

Vamos a veces a la Viga, a las seis de la mañana, para ver a los indios cuando traen por el canal las flores y las legumbres. La profusión de guisantes de olor, de amapolas dobles, agapandos, alelíes y rosas, no la he visto igual en ninguna otra parte. Tal parece que cada india, en su canoa, va sentada en un flotante jardín de flores. El amor que les tienen ahora es el mismo que en los tiempos de Cortés; el mismo que observara Humboldt siglos más tarde. Al atardecer, estas mujeres indias, en sus canoas, van siempre coronadas de guirnaldas de rosas o de amapolas. Las que en el mercado se ven en cuclillas vendiendo fruta o legumbres, diríase que están más bien sentadas en una trinchera de ramas frescas y verdes, y flores de todos colores.

Madame Calderón de la Barca, *La vida en México*, [1839-1842], pp. 113-114 y 124-125

PESCADOR

Los últimos grupos que hemos visto por aquí pertenecen a la clase de los mestizos, que constituyen la menor parte de la población en las ciudades. Los indios puros forman comunidades separadas en los suburbios y difieren poco de sus congéneres de las aldeas. En las comarcas donde ellos dependen de la agricultura, son independientes hasta cierto punto; en la capital misma, los indios de los arrabales se dedican a las mismas ocupaciones que sus antepasados... buscan su subsistencia en los pantanos y lagos y en las orillas infecundas. Como las garzas, se les ve cruzando las acequias que entrecruzan los pantanos, y, provistos de pequeñas redes, capturan peces blancos, ranas y ajolotes, esa extraña especie que forma el lazo de unión entre el pez y la lagartija. En pequeñas canoas se desplazan a lo largo de los anchos canales y lagunetas donde abundan las juncias, y van atrapando pececillos y huevas de rana, mosco, berro acuático y lirio, o bien se apoderan de avecillas acuáticas y gallinetas que abundan en los lagos. Otra ocupación de los aborígenes consiste en tejer esteras de espadaña, en extraer sal de los lagos salados, o bien en colectar tequesquite en los campos, donde aparece después de la época de lluvias.

Carl Christian Sartorius, *México hacia 1850*, pp. 208-209

os vendedores, que con su grito son el termómetro que marca las estaciones, han dejado de pregonar entre las sombras de la noche la castaña asada, en los parajes públicos; la extensa lumbrada ya no se enciende en las esquinas frente al cacahuate y al coco fresco.

Es un viernes; en algunas esquinas se improvisa un pensil de flores naturales, el chícharo aromático, la mosqueta, la amapola, la espuela de caballero rodean a la rolliza florera que forma ramos, para ofrecerlos al público por módicas sumas.

Ya es un niño que le compra y acompaña el ramo a una vela ruin para la Virgen de su escuela, en la que aún se conservan las costumbres de antaño; ya la mujer de la plebe que tiene su altar, y lo adorna con flores en su humildísima pocilga; ya la rumbosa cocinera, que orna el canasto de su recaudo de vigilia. Entretanto la multitud de carboneros pueblan las calles, se oye pregonar en voz de tiple el cuscús, las verdolagas, el ahuautle, las ranas; y por la garita de San Cosme entran multitud de asnos pacíficos cargados con berza, compitiendo el vendedor en su grito, con el que proclama el bagre y el pescado blanco.

Guillermo Prieto, "Un puesto de chía en Semana Santa" en *El Museo Mexicano*, [1844], p. 428

VENDEDORA DE FLORES

JAULERO

La pajarera

Pajarillos, de mil colores niña,
los traigo chifladores,
cantan, silban
la canción de los amores.

Al llegar la estación calurosa
donde alegres ya cantan las aves,
vamos, pues, mi querida Rosita
a escuchar estos dulces cantares...

Aquí traigo las redes, Rosita,
para ver cuántos puedo agarrar
pajarillos que cantan alegres,
que a buen precio los han de pagar.

Ya cayó un pajarillo silvestre,
ya cayó una mirla con esmero,
ya cayeron un par de gorriones
ya cayó un pajarillo jilguero...

Cuando a México vayas, Rosita
a venderlos a la capital,
cinco pesos será el menor precio
que te puedan valer por allá.

Si al pasar te pregunta, la dama,
que si son pajarillos silvestres
le dirás que son los de más fama
de los que hay en la tierra caliente...

"La pajarera", canción de la lírica popular.

VENDEDOR DE PIRÚ

eseando saber la historia de esta planta, encontré lo siguiente en la *Gaceta de Literatura* por D. José Antonio Alzate:

"El Exmo. Sr. D. Antonio de Mendoza, primer virrey de México,. habiendo pasado al Perú para gobernar aquel reino, remitió a su estimada Nueva España una poca de semilla de Molle, que aquí conocemos por *Arbol del Perú*. Pocas providencias logran más felices resultados: dicha planta no se sembró de intento, el viento y principalmente los pájaros, los que nombran jilgueros, tzenzontles y otros, fueron los que propagaron las siembras, porque estas aves engullen el fruto, y como la semilla no es digerible, la expelen intacta y asi se propaga de uno a otro lugar.

Si los dueños de las haciendas meditasen en sus intereses, con que facilidad se formarían árboles de tanta utilidad, porque es vegetal que crece con prontitud, ya sea en pedregales o en terrenos fértiles, y aun en terrenos salinos y tequezquitosos vegeta con vigor. En las orillas de la laguna de Texcoco estos árboles prosperan."

Manuel Jiménez, "El Arbol del Perú" en *La Naturaleza*, [1872], p. 218

VENDEDOR DE LOZA

Al pasar por delante del Palacio Nacional, vemos salir por la puerta principal hasta cincuenta húsares gallardamente empenachados, en pos de los cuales viene una carroza cubierta de oro y tapizada de terciopelo carmesí, tirada por cuatro caballos blancos y guiada por un cochero yanqui. En el vehículo no va más que una sola persona. Viste uniforme de general, con vueltas rojas y bordados de oro. En torno del cuello lleva numerosas condecoraciones, y sobre su pecho descansa una medalla cuajada de diamantes que le ha obsequiado la nación... reconocemos en su persona al Presidente de la República!

La salida del Presidente del Palacio ha atraído a toda una muchedumbre de gente...

Primero aparece el aguador... Sigue luego el indio con una enorme jaula de pollos y pavos o un huacal lleno de cacharros de alfarería, o un canasto de naranjas que lleva a la espalda... Más allá viene una mujer con chícharos, o patos o pescado del lago; en seguida otra con papas; más tarde otra que tira del cabestro a un pobre burro cargado de rábanos y cebollas; y todos los individuos de esta abigarrada muchedumbre anuncian a voz en cuello su mercancía. ¡Es una Babel!

Brantz Mayer, *México, lo que fue y lo que es*, [1841- 1842], pp. 64-66

odos los productos que los indígenas obtienen, y muchos más (maíz preparado en variadas formas, aves, gallinetas, colibríes en pequeñas jaulas, cazuelas, canastas, juguetes de madera, etcétera) son llevados al mercado de Tlatelolco, que hace tres siglos, cuando Cortés avanzaba sobre la capital de los aztecas, era tan extenso que allí se reunían diariamente unas 30 000 personas entre comerciantes y compradores. Los indígenas de la capital son gente pobre y ciertamente no limpia. Cuando han terminado las ventas y unos cuantos vasos de pulque los han reanimado, son vistos con frecuencia sentados en la sombra de un alto muro o de un templo, para consumir tranquilamente el resto de su "itacate". Su sencillo alimento se compone de totopos, tamales de frijol o de "charales" con chile; como el sol está todavía muy alto, toman sus siesta en el duro suelo.

Carl Christian Sartorius, *México hacia 1850*, p. 209

VENDEDOR DE LOZA

VENDEDOR DE ESCOBAS DE POPOTE

Popote (Del azt. *popotl*). Tallo hueco y delgado para hacer escobas o utensilios de uso semejante de éstas.

Francisco J. Santamaría, *Diccionario de mejicanismos*, México, Editorial Porrúa, 1959, p. 882

Cuando no tenía en la iglesia vísperas, misa o distribución, en vez de ir a la escuela, como lo deseaba el celoso maestro, íbanse calle arriba, hacia los ejidos próximos y a los cerros cercanos, en busca de mayates, lindos y tornasolados coleópteros, si era tiempo de guayabas; a caza de nido de primaveras y verdines, en marzo y abril; a cortar popotes en noviembre y en días calurosos a la presa de una fábrica para nadar y zambullirse alegremente...

Rafael Delgado, *La Calandria*, [1890], p. 30.

Entretanto se hace oir en la esquina la tonadilla cadenciosa de una mujer que anuncia esta vendimia: *¡gorditas de horno calientes, mi alma!.... ¡gorditas de horno!* Los constructores de esteras o petates de Puebla parece que no tienen otro mercado que el de México para expenderlos; así es que todos se diseminan por las calles, y gritan de un modo uniforme: *Petates de la Pueeeeebla!..... jabón de la Puebla!* compitiendo con éstos los indígenas que expenden los fabricados de tule en Xochimilco, que a su vez gritan con voz rasposa: *Petates de cinco vaaaras! Petates de a media y tlaco!* El medio día no está exento de estas voces mortificantes; un limosnero reza blasfemias por un pedazo de pan; un ciego recita un romance milagroso por igual interés...

Marcos Arróniz, *Manual del viajero en México*, [1858], p. 132

VENDEDOR DE PETATES

ARRIERO

La inmensa legión de muleros y arrieros que manejan todo el negocio del transporte en México, está constituida por mestizos. El comerciante les confía valiosos productos. Transportan lingotes de oro y de plata, minerales y monedas, sin más garantía que una simple nota de carga. El arriero lleva una vida bastante atareada. Todo el año recorre los caminos con sus bestias, ora bajo un sol abrasador, ora en las regiones malsanas de la costa, ora en las anfractuosas montañas; de noche y de día, el hombre carga y descarga los pesados bultos que sus animales transportan; duerme casi siempre al aire libre y prepara y toma sus alimentos en cualquier lugar del camino. En senderos pantanosos, donde sus animales a menudo se atascan en el lodo durante la época de lluvias, el hombre mismo se echa a la espalda la carga y la deposita en terreno seco... en suma, soporta las más duras fatigas que cualquier hombre pueda aguantar; y sin embargo, en medio de su incesante ocupación, se muestra alegre y de buen humor. Quien haya observado de cerca el país, verá muy a menudo a estos sujetos burdos y fornidos, con sus delantales de lana, sus corazas de cuero y sus "tapojos" (una tira de piel para cubrir los ojos de las bestias mientras son cargadas).

Carl Christian Sartorius, *México hacia 1850*, pp. 171-172

VENDEDORES DE CABEZAS DE HORNO

En las esquinas de las calles menos [céntricas], las vendedoras de *enchiladas* fríen en la grasa quesadillas de rajas o largos trozos de rellena, y las *tortilleras* agarran al vuelo al transeúnte con cara de cliente y lo obligan a meter la nariz en su canasta, llena de tortillas de maíz calientes.

...al lado de la puerta, afuera, grandes cazuelas de barro tienen la pretensión de atraer al transeúnte con el olor de los guisos más extraños... De repente, un pregón largo y extraño, llena la calle: ¡*cabezaas calientes*! (cabezas de cordero asadas), al que responde un silbido estridente: *Requesón* (leche cuajada), y se ve aparecer dos hombres sucios a más no poder, llevando una mesa de la que cada uno agarra una extremidad, o sea una gran urna de hojalata con una parrilla abajo. Son los vendedores de cabezas de cordero, platillo adorado por los bebedores de aguardiente, una de las cosas más infectas que se pueda comer. Detrás de ellos, camina el vendedor de queso fresco y de requesón y sus pregones se alternan, dando una nota especial al concierto de gritos.

August Genin, *Notes sur le mexique* [1908-1910] en *La ciudad de México y el Distrito Federal*, t. III, p. 205

A más de todo eso, llevan otras cosas a vender, desde considerables distancias, los llamados indios *huacaleros*, quienes recorren el país con sus enormes cargas a la espalda. Sus huacales son semejantes a los que se cargan en mulas, pero mucho más grandes y de forma rectangular. En esos ligeros receptáculos encierra el traficante sus mercancías que consisten principalmente en loza de barro que asegura con una red de mecate...

Estos mercaderes ambulantes revelan a las claras el instinto comercial de los tarascos. Los huacaleros generalmente nativos de la sierra, viajan a pie, por el oriente, hasta la ciudad de México; por el oeste, hasta Guadalajara y las ciudades costeñas de Acapulco, Colima y Tepic. ...Antiguamente los comerciantes tarascos acostumbraban llegar por el norte hasta Nuevo México y por el sur hasta Guatemala y Yucatán.

Carl Lumholtz, *El México desconocido*, [1894-1897], p. 358

CARGADOR

POLLERO

La ciudad de México está construida sobre un terreno plano; sus calles son anchas, derechas y bien pavimentadas, muchos carruajes se cruzan en todos sentidos, pero son vehículos de lujo y no se ve ese movimiento de carros cargados pesadamente, que congestionan las calles de Londres y de París. Los pregoneros están en posibilidad de proporcionar lo necesario a la vida y al comercio, la cantidad de brazos que eso exige, aumenta la proporción de la clase trabajadora sobre la clase acomodada. Las plazas y las calles ofrecen un movimiento continuo de gentes tostadas por el sol, semidesnudas, cargadas cada una con las mercancias que venden y que anuncian a gritos agudos y variados; los indios sobre todo, que no entienden nada de maniobras de nuestros carruajes, van por grupos cargados de leña, carbón, forrajes, yeso, barniz y, en una palabra, de diferentes productos de los alrededores. Es con la cabeza, más que con las espaldas, con la que llevan fardos muy pesados. Cada mercancía tiene un recipiente hecho especialmente para contenerla... un campesino lleva pollos en una jaula que no sirve sino para este uso.

Claudio Linati, *Trajes civiles, militares y religiosos de México,* [1828], p. 176

Aquí encontramos al ranchero requemado por el sol, al campesino y al pastor con la esposa y la hija, o tal vez la prometida. El, con espuelas en su calzado, el látigo en la mano y el sarape colgando graciosamente del hombro; ella con un amplio sombrero de fieltro, o bien con una pañoleta azul en torno de la cabeza para cubrirse del sol. Un chico descalzo porta una batea de bordes bajos sobre el cual exhibe figuras de cera que representan objetos populares, en tanto que otro muchacho ofrece en venta billetes de lotería y les desea a los compradores buena suerte para el sorteo que se efectuará por la noche. Un tercer jovencito recomienda un panfleto político como la cosa más nueva e importante de su especie.

Carl Christian Sartorius, *México hacia 1850*, p.120

NIÑOS VENDEDORES

TLACHIQUERO

El maguey y su producto el *pulque*, fueron conocidos de los indios desde la más remota antigüedad, y es muy posible que los primitivos aztecas se emborracharan lo mismo con su *octli* favorito, como los modernos mexicanos lo hacen con su muy amado pulque.

No es frecuente que podamos ver la soberbia flor del maguey con su tallo colosal, pues la planta que florece es de una belleza inútil. En el momento en que el experimentado indio se da cuenta de que el maguey está a punto de florecer, corta el corazón, que luego cubre con las hojas laterales, y todo el zumo que hubiera alimentado el tallo grande corre a depositarse en la cavidad que se ha formado, y en la cual el indio introduce, hasta tres veces dentro de un día, y durante varios meses consecutivos, el *acocote* o calabaza, especie de sifón, y aplicando su boca por una de las extremidades, extrae el licor por succión; ¡curioso procedimiento!, por cierto.

Madame Calderón de la Barca, *La vida en México*, [1839-1842], p. 99

Es difícil ver un cuadro más animado que el que ofrece un mercado en México. La ciudad no es rica en tiendas; la mayor parte de las cosas necesarias para la vida, alimentos, frutas, prendas de vestir, zapatos y otros, son traídos diariamente por los indios de los alrededores, que se instalan en el mercado o se pasean en los lugares públicos. Las mujeres sentadas en cuclillas junto a sus mercancías invitan a comprar a los que pasan. Aquí se ve a la vendedora de zapatos al lado de la que vende tijeras; allá, un vendedor de pañuelos cerca de una florista. Loza, cristalería, telas, carnes, verduras, mantequilla, grasa, todo se encuentra desordenado en un recinto muy cerrado. En medio de este laberinto de gentes, de bancas y mercancías diferentes, circulan los vendedores de cigarros, yesca, rosarios, dulces, patos y de cabezas de carnero asado, pero sobresale ante todo el indio cargado de odres, llenos de aire para almacenar pulque o vino. A veces cuando su cabeza queda oculta en el enorme volumen que le rodea, se diría que es un animal deforme que recorre las calles y se abre camino entre la multitud.

Claudio Linati, *Trajes civiles, militares y religiosos de México*, [1828], p. 160

VENDEDORES DE ODRES

PULQUEROS

El Ciudadano Pulque Blanco, de esta vecindad y comercio, por sí y en nombre de sus menores hermanos, de Piña, de Tuna, de Naranja, de Almendra, de Apio, etc., ante el ayuntamiento de México, comparezco y digo:

Que no es posible por más tiempo soportar la persecución de que yo y toda mi familia somos víctimas desde hace ya muchos años, sin que haya habido para nosotros cambios en nuestra triste y vergonzosa situación, que cada día es más angustiosa. Creados y nacidos en este país, era natural que esperásemos una decidida protección de parte de los gobiernos nacionales, y que... gozáremos los pulques en México, de todas las consideraciones debidas a patriotas como nosotros... Relegados a los barrios de la ciudad los expendios de pulque, el centro ha quedado enteramente a merced de nuestros naturales enemigos el Cognac, el Brandy, el Ajenjo...

¿Por qué razón se consiente en las calles principales un expendio de licores embriagantes que se llama la Montaña de Nieve, la Estrella de Oro, la Gran Sociedad, el Gran Bazar, y se prohibe otra que se llama el Triunfo y la Resistencia, los Amores del Turco, el Recreo de los Amigos, o la Gran Sebastopol?

Citado por Salvador Novo en *Cocina mexicana o historia gastronómica*, [1868], p. 199

Imperdonable omisión sería callar la narración de las luces de San Agustín, de la Merced, de Portacoeli, de Regina, de la Virgen del Pilar y otras convocaciones a los placeres, pábulo del pequeño comercio y de las industrias de poca fortuna...

En las orillas de las banquetas se instalaban los puestos de naranjas y cañas, perones y plátanos, cacahuates y mezcal o penca de maguey de mezcal.

Ladeábanse esos puestos con cajones de tapabocas y pasteles o mesillas con *tepache* y algunas aguas lojas; la enchiladera tenía su lugar aparte, próximo, por supuesto, a la pulquería, y allí gritaban: "¡cómeme!, ¡cómeme!" los envueltos y chalupas, las quesadillas y las tortillas en su hojalata con manteca chillante, sus ollas con salsas picantes, sus montones de cebolla picada, y su sal y pimienta, según lo requerían los potajes.

La enchiladera era mujer experimentada; trenza grande y cuello laboreado de gargantillas y relicarios, anillos de plata en las manos y aretes de calabacillas de corales.

Ojo listo, nariz chata, lengua retozona y fácil, y la palabra que interrumpía, la carcajada escandalosa, o cortaba la injuria precursora del araño, la mordida y la *desmechadura*.

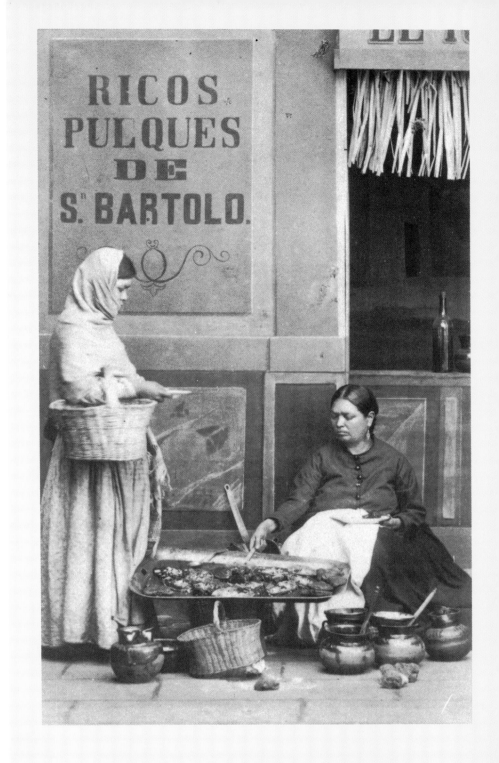

ENCHILADERA

Guillermo Prieto, *Memorias de mis tiempos*, [1828 - 1853], pp. 238-239

VENDEDOR DE BATEAS

No perdí mucho tiempo... para presenciar la manufactura de las hermosas lacas que hacen famosa a Uruapan. Se producen cubiertas de mesa, jícaras y sobre todo bateas, en su mayor parte de forma redonda y de todos tamaños, desde unas delicadas miniaturas de apenas pulgada y media hasta de dos pies de diámetro y más grandes. Las piezas de madera sin pintar se las compran a los indios de otro lugar que van en ciertas estaciones al cerro de Tancítaro para entregarse a la fabricación de dichos utensilios.

Para hacer cada laca o pieza, cúbrenla primero con una mano de litomarga (variedad de arcilla plástica), en que se trazan los dibujos. Recortan estos luego con un cuchillo, y llenan las incisiones de diversos colores que frotan con el dedo pulgar. A veces una misma persona dibuja y pinta. Los detalles se van agregando con un punzón muy agudo. Pónese luego el barniz y se produce el hermoso pulimento bruñendo pacientemente la superficie con una pelotilla de algodón. Tan fuerte llega a ser el lacado que resiste durante tiempo a la acción del agua. Se obtiene dicha pintura de unos áfidos o pulgones llamados Aje, que durante las aguas juntan los indios de Huetamo, seis días de camino al sureste de Uruapan.

Carl Lumholtz, *El México desconocido*, [1894-1897], pp. 432-433

Los dibujos de las lacas de Uruapan representan siempre flores que el artista copia del modelo que tiene a la vista. El trabajo es admirable, pero de cierta monotonía en las ideas... La mejor pintora tenía ochenta y siete años de edad. Se encuentra también en el mercado gran cantidad de dichos objetos hechos por mujeres mexicanas (mestizas) cuyo producto es inferior al de los indios.

VENDEDORES DE JÍCARAS

Carl Lumholtz, El *México desconocido*, [1894-1897], p. 433

CARGADOR DE NUMERO

En las calles [céntricas] de las ciudades principales de México ve uno plantarse en las esquinas a personas que llevan como adorno una placa numerada, una cuerda y a menudo un cojín cuyas dos esquinas superiores van sujetas por una cinta fuerte de tapicería. Son los cargadores, el cargador es el porteador del país. La cuerda le sirve para asegurar los bultos que se le confían y el cojín reemplaza a la escalerilla de la que se sirven los porteadores parisinos, con la diferencia de que los porteadores mexicanos parece tener su fuerza en la cabeza, de ningún modo desde el punto de vista intelectual, por cierto, sino en lo que respecta a la dureza del cráneo. Queda uno realmente estupefacto al ver los pesos enormes que los indios y los mestizos pueden llevar con la cabeza: el cargador pasa en torno a su frente... la cinta pegada al cojín y éste, sobre el cual coloca su fardo, sólo sirve para [amortiguar] el ángulo o la aspereza que podría lastimar la espalda, los hombros o la cabeza del porteador...

August Genin, *Notes sur le Mexique* [1908-1910], en *La ciudad de México y el Distrito Federal*, t. III, p. 193

E**s justo decir que en general** [los cargadores] son muy honestos, se vigilan mutuamente por la dignidad de la corporación, y que es en verdad insólito que resulten culpables de desfalco. Uno los ve pasar por la calle, con dos talegas de piastras cada uno, detrás de un cobrador; otros llevan objetos menos pesados pero de más valor aun y, aunque muy a menudo se quedan solos, nunca se ven acometidos por veleidades de huida, no tanto porque teman ser atrapados o detenidos sino --y esta es una de las singularidades del carácter mexicano-- porque uno tiene confianza en ellos...

Los *cargadores* son los encargados de las mudanzas de gran número de hogares pequeños y es agradable ver como pasan llevando una verdadera pirámide de objetos de lo más heteróclitos: un bastidor de hierro, una mesa de noche rústica, un colchón flaco, la escoba de la ama de casa, el sombrero alto del señor, cubetas, un orinal, una garrafa, un jarrón de flores encima de todo, como remate del edificio y, en los dedos libres, un par de botas y la jaula en la que revolotea despavorido el canario o el *zenzontle* de la señora.

August Genin, *Notes sur le Mexique* [1908-1910] en *La ciudad de México y el Distrito Federal*, t. III, p. 193

CARGADOR DE NUMERO

PANADERO

Interesante noticia que remiten a esta Secretaría [del Ayuntamiento Constitucional de México] los dueños de panaderías conforme a lo acordado en Cabildo del 21 de Noviembre último en la fracción 1ª, y publicado en 30 del mismo mes.

Panadería de Olmedo

Birote y juil...............	27 onzas por un real
Peluca y boyo	24 onzas por un real
Rosca y amantecado...	22 onzas por un real
Pambazo blanco..........	30 onzas por un real

El pan está dividido en 8 y 12 piezas por un real.

Panadería de San Dimas

Birote........................	26 onzas por un real
Telera de manteca......	22 onzas por un real
Peluca y boyo	24 onzas por un real
Amantecado	21 onzas por un real
Rosca y tahona...........	21 onzas por un real
Pambazo blanco..........	27 onzas por un real

Dividido en 8 y 12 piezas. ...

El Distrito Federal, México, jueves 21 de diciembre de 1871 en AAA, Cárceles y panaderías, legajo 1, exp. 3

Y como tales manjares, bien olientes y conservando aún la tibieza del horno, a día y noche se acumulaban en casa de Ambriz, para esparcirse luego en bandejas, alcatraces y canastas, por todos los ámbitos de la capital!

Hay que conceder, desde luego, primacía reverente, y por lo demás, significada en lo abundante del repertorio, a los bizcochos "de huevo", conforme se les llamaba antaño y continúa llamándoseles...

¡Cuán rica variedad de ellos en la bizcochería de Ambriz! Había chilindrinas, pechugas, pelucas, trompones, gallinas, camelias, zapotes, payasos, grajeados, picones, carmelas, volcanes, tortugas, conchas, niños, besos, panqués y magdalenas. Había bocados, palitos, entrenzados, novias, galletas, elotes, chivos, canillas y batidas. No faltaban quesadillas, limas, lupes, juncos y mamones.

Carlos González Peña, "De las pechugas a las chilindrinas" en *El nicho iluminado*, [h.1900], pp. 119-120

PANADERO

55

si se sientan en las esquinas de las calles o sobre el empedrado, con un cigarro en la boca, haciendo o friendo sus tortillas o, con extraordinaria gracia, arreglando flores en bellísimos ramos. Hacen también cestitos en los que ponen exquisitísimas fresas que maduran cada mes, invitando a comprarlas... Junto a las flores, en canastas o dispuestas en forma de pirámides hay escogidísimas frutas. Tiene la primacía la banana, que aquí llaman plátano y que es el principal alimento de los indios...

Junto está la reina de las frutas tropicales, la piña, ese precioso, refrescante, balsámico fruto de abundante jugo. Y a su lado el zapote, el mamey, después la tuna, el fruto de los nopales, la granadilla de china, fruto de la passiflora, los aguacates, suaves y mantequillosos, que se comen con pan y con sal; la papaya, las guayabas, que después de cocidas venden como dulce; la celebradísima anona cuya parte interna es una crema, y muchas otras.

FRUTERA

Paula Kolonitz, *Un viaje a México en 1864*, p. 115

FRUTERA

a única frutera a quien no se había acercado era una a quien llamaban Cecilia. Era una mujerona grande, hermosota, de buenos colores, nariz chata y resuelta; ojo negro y maligno y grandes y abultados pechos que, como si estuviesen inquietos para salir a la calle, se movían dentro de una camisa de tela fina bordada de colores, donde apenas se podía observar una que otra pequeña mancha del jugo de las frutas. Su cuello era un verdadero aparador: sartas de corales, rosarios de perlas y de plata, listones rojos con medallones de oro y unas grandes arracadas de piedras finas en las orejas. Sentada bajo su cobertizo como una reina de las frutas, entre montones de naranjas, de limas, de limones, de plátanos, de mameyes y de otras especies de las azucaradas producciones de la tierra caliente, no descansaba, porque eran tantos los marchantes que manos le faltaban para despachar y recibir las monedas, no obstante que la auxiliaban dos muchachas de no malos bigotes.

Manuel Payno, *Los bandidos de Río Frío*, [h. 1850], p. 99

De vegetales y frutas pocos son los lugares que pueden jactarse de tal variedad como México y en ningún lugar su consumo es, en proporción al número de habitantes, mayor. El gran mercado es más grande que el Covent Garden; pero sin que se le compare por lo que toca al contenido cuantitativo que se vende diariamente... He moldeado y dibujado todas las que pude procurarme durante mi residencia: son muy numerosas y extraordinarias y las copias están realizadas intencionalmente de tal manera que transmitan una mejor idea de un mercado mexicano y de los productos de una región tropical que un volumen de descripciones. Deben ser vistas para poder comprenderlas: cuán pocas personas en Europa tienen una idea acerca de la forma o apariencia de las variadas especies de bananas, plátanos, papayas, ananás, guanábanas, cidras, pamplemusas, zapotes, aguacates, tunas, pitahayas, chayotes, genipapas, granadillas, granadas, dátiles, anonas, mangos, tejocotes, melones, calabazas, tomates, etc., cuando éstas se hayan en estado de vida y vegetación, con las cuales y con muchas otras este mercado se ve exclusivamente repleto durante las distintas estaciones del año.

William Bullock, *Seis meses de residencia y viajes en México*, [1825], pp. 131-132

VENDEDOR DE PAPAYAS

CEDACEROS

JALEA DE GROSELLAS.
Se eligen ocho libras de grosellas, la mitad encarnadas y la otra mitad blancas, y dos libras de frambuesas.

Se ponen en el perol de confitería, se añaden dos cuartillos de agua y se pone a lumbre viva.

Se le da vueltas con la espumadera para impedir que las frutas se peguen, y se deja hervir durante ocho minutos.

Al cabo de este tiempo se pone un cedazo de crín sobre un bote de porcelana grande y se vierten encima de él las grosellas y las frambuesas; cuando las frutas se han escurrido bien, se pesa el jugo y se añaden libra y media de azúcar por dos libras de jugo.

Se derrite a la lumbre, se cuela por el cedazo de cerda y se hace cocer en dos partes a fuego vivo, hasta que llegue a los veintiocho grados del pesajarabes.

Se pone en los botes; cuando la jalea está bien fría se hace un redondel de papel de tamaño de la boca del bote, se moja en aguardiente y se aplica sobre la jalea, cubriéndolo después con un segundo papel. Es preciso conservar las jaleas en un sitio seco pero no muy abrigado.

Jules Gouffé, *El libro de cocina*, [1893], pp. 429-430

os indios laboran en muy pocas ramas de la industria, en comparación con sus trabajos agrícolas; sin embargo, dan muestras de capacidad e inclinación por las artes y las manufacturas. Bástame sólo mencionar sus hermosos trabajos en cera, su imitación de las frutas, sus figuras que representan escenas de la vida del pueblo, los ornamentos para las iglesias, y otras cosas por el estilo; también debo mencionar su gusto por decorar los altares, por la erección de arcos triunfales frente a los templos o las casas con ocasión de matrimonios, etcétera. En todas partes del país, elaboran productos de alfarería sin brillado, como los que se encuentran en las excavaciones de tumbas antiguas, y a menudo revisten formas elegantes. Ornamentan candeleros y juguetes con grotescas figuras de animales, y demuestran su habilidad en la falsificación de idolos que luego venden a ingleses buscadores de antigüedades, como lo hacen también los romanos con sus "antigüedades" recién horneadas. Tejen esteras y cestas con hojas de palma; preparan fibras de agave para elaborar cordelería labran toda clase de vasos y utensilios para el hogar... fabrican guitarras y violines, muy feos, si se quiere, pero baratos, con proporciones adecuadas y con buenos tonos.

CESTEROS

Carl Christian Sartorius, *México hacia 1850*, pp. 159-160

MERCERO

Un tipo que parece buhonero ambulante deja oir la voz aguda y penetrante del indio. A gritos requiere al público que le compre agujas, alfileres, dedales, botones de camisa, bolas de hilo de algodón, espejitos, etc. Entra a la casa, y en seguida le rodean las mujeres, jóvenes y viejas, ofreciéndole la décima parte de lo que pide, y que después de mucho regatear, acepta. Detrás de él está el indio con las tentadoras canastas de fruta; va diciendo el nombre de cada una hasta que la cocinera o el ama de llaves ya no pueden resistir más tiempo, y asomándose por encima de la balaustrada le llaman para que suba con sus plátanos, sus naranjas y granaditas, etc...

Se oye una tonadilla penetrante e interrogativa, que anuncia algo caliente, que debe ser comido sin demora, antes de que se enfríe: "¡Gorditas de horno caliente!", dicho en un tono afeminado, agudo y penetrante.

Madame Calderón de la Barca, *La vida en México*, [1839-1842], p. 68

os mexicanos todavía no conocen muy bien, el curtido de los cueros y de las pieles para zapaterías y talabarterías, pero en cambio saben dar gran suavidad a la gamuza, al venado y a otras pieles con las que confeccionan pantalones, chalecos, etc. Las pieles de chivo... están bastante bien preparadas y cosidas para no dejar salir los líquidos, mas no lo suficiente para no transferir, al vino, sobre todo, ese olor desagradable que es tan común en España.

VENDEDOR DE PIELES

Claudio Linati, *Trajes civiles, militares y religiosos de México*, [1828], p. 160

REBOCERO

ntre los vendedores ambulantes mencionemos a los de rebozos, chales para señoras. Estos *rebozos* están hechos de seda o de algodón. Su valor depende no sólo del material empleado sino también del largo y de la forma de sus puntas, lo que da lugar a arreglos bastante coquetos...

En el campo, en los alrededores de las ciudades y a veces hasta en las calles, se advierten mujeres completamente ocultas tras su rebozo. Esconden frente, nariz y boca y sólo se ven los puros ojos, como entre las mujeres árabes...

Las mexicanas del pueblo bajo no tienen más toca que el *rebozo...* las mexicanas del pueblo, sirvientas, cocineras, porteras no se atreverían a salir a la calle, ni siquiera para ir a la casa de enfrente, sin llevar su chal. Si no les llevan les parece que van desnudas...

Los rebozos, puesto que hay que volver a ellos, se venden principalmente en todas las tiendas de novedades, luego en ciertas tiendas que se especializan en ellos. En la puerta y en los alrededores de éstas, circulan vendedores ambulantes con muestras al hombro y en las manos; ellos alaban su mercancía, olfatean al cliente y lo pescan para la casa que los emplea.

August Genin, *Notes sur le Mexique*, [1908-1910] en *La ciudad de México y el Distrito Federal*, t. III, pp. 193-194

as medias de algodón tienen ahora gran demanda; hasta hace poco las de la más fina seda francesa con ornamentados cuadraditos eran las que usaban generalmente las damas; pero en breve tiempo, no cabe la menor duda, no se verán en México sino manufacturas y modas inglesas. Sería una buena operación comercial para nuestros fabricantes el envío de unas cuantas tarjetas postales de bellos y bien vestidos ejemplares de nuestras compatriotas; nuestras muselinas y géneros estampados estarían en gran demanda y Manchester y Glasgow doblarían sus exportaciones en unos cuantos meses.

VENDEDOR DE MEDIAS

William Bullock, *Seis meses de residencia y viajes en México*, [1825], p. 143

VENDEDORA DE TORTILLAS

as *tortillas*, alimento habitual del pueblo, y que no son más que simples pasteles de maíz, mezclados con un poco de cal, y de la misma forma y tamaño de nuestros *scones*, las encuentro bastante buenas cuando se sirven muy calientes y acabadas de hacer, pero insípidas en sí mismas. Su consumo en todo el país se remonta a los primeros tiempos de su historia, sin cambio alguno en su preparación, excepto con las que consumían los antiguos nobles mexicanos, que amasaban con varias plantas medicinales, que se suponía las hacía más saludables. Se las considera particularmente sabrosas con chile, el cual para soportarlo en las cantidades en que aquí lo comen, me parece que sería necesario tener la garganta forrada de hojalata.

Madame Calderón de la Barca, *La vida en México*, [1839-1842], pp. 69-70

Una peculiaridad del mercado es la gran cantidad de pequeños braceros que se acomodan en las orillas, mezclados con otras mercancías, cada uno bajo su humilde toldo de mantas o petates. Debajo de éste se sientan mujeres indias o criollas moliendo maíz o haciendo tortillas, friendo toda suerte de guisos de olor y sabor a rancio, hirviendo frijoles negros, y vendiendo pulque a la multitud; los clientes se sientan sobre sus corbas y colocan su pequeño plato de barro color castaño y su amasijo frente a ellos, y comen donde compraron su comida.

G.F. Lyon, *Residencia en México*, [1826], p. 211

VENDEDORA DE COMIDA

MANTEQUERO

Nuestra casa, a la luz del día, nos pareció muy bonita, con su amplio jardín lleno de flores y profusión de rosales en el patio; pero como es de un solo piso, se siente algo de humedad, y el tiempo, aunque hermoso, es tan fresco por la mañana que algunas alfombras, y aun a veces pienso que un *soupcon* de fuego, no nos vendrían mal...

Es una casa sola, con un patio grande, y enfrente pasa el gran acueducto de piedra, obra magnifica de los españoles, aunque no tanto quizás como las que surtían de agua la antigua Tenochtitlan. Detrás de la casa solo se ven algunas casas viejas, con árboles, de modo que podemos considerarnos casi en el campo...

Pero lo que más nos llama la atención son los curiosos y pintorescos grupos de gentes que vemos desde las ventanas: hombres de color bronceado, con sólo una frazada encima con la que se envuelven, sosteniendo con garbo sobre sus cabezas vasijas de barro, precisamente del color de su propia piel, de modo que parecen figuras de *terra cotta*; y llevan en las vasijas dulces o blancas pirámides de grasa...

Madame Calderón de la Barca, *La vida en México*, [1839-1842], p. 55

CHORIZONES A LA MEXICANA. Quitados los nervios y pellejos de los lomos de puerco, se pican éstos y se sazonan con sal, clavo, pimienta, cominos, ajenjibre, ajos y chile ancho remojado y desvenado, todo molido, de modo que resalten los aromas: se remoja todo con vinagre fuerte y se revuelve para que se incorporen bien las especias y se deja reposar el picadillo en tal estado un día entero. Pasado este tiempo, se pone un poco en una sartén sin manteca, para que cociéndose, se pruebe si está bien sazonado, o le falta algo de las especias que se le echaron, lo que se le añadirá desde luego. Estando de buen gusto, se rellenan con él, por medio del embudo, las tripas curadas de res; se atan haciéndose las divisiones a la distancia de una ochava, o de una sesma, según pareciere conveniente, se pican con una aguja gorda y se ponen a orear en un lugar bien ventilado, pero donde no dé el sol, dejándose secar para el uso, aunque pueden emplearse desde luego.

Con ese mismo picadillo se rellenan también las tripas de cerdo curadas, y se atan de modo que cada choricito quede de una y media a dos pulgadas de largo, pudiéndose hacer uso de ellos inmediatamente.

TRIPERO

Nuevo cocinero mexicano en forma de diccionario, [1888], pp. 264-265

osotros tenemos las obras hidráulicas que nuestros ascendientes (Dios los bendiga) tuvieron la amabilidad de construir en el año 1500; tenemos el manantial de Los Leones, que se va agotando a gran prisa por la tala de árboles, que es la manera que las ciudades tienen de suicidarse lentamente; y no hay miedo, porque al fin todos estamos contentísimos de vivir, aunque en la apariencia demos señales de odio a la vida...

Tenemos la alberca de Chapultepec, que arrancaría un suspiro de compasión a Netzahualcóyotl, porque a duras penas alcanza ya los arcos, y eso merced a que el vapor la obliga. Tenemos canoas por donde viene el agua como hace cuatrocientos años, y tenemos, como es muy natural, ladrones de agua y arquería con más grietas que ojos. Tenemos, y no vayan ustedes a pensar que no es exacto, tenemos cañerías de plomo de tan respetable fecha como los arcos... Finalmente tenemos, y esta es la más preciosa de las cosas que tenemos nosotros, tenemos al aguador...

AGUADOR

José T. Cuéllar, "El aguador" en *La linterna mágica*, [1871-1872], pp. 203-206

AGUADOR

El cántaro es un apéndice indispensable del aguador; cargando el peso de *chochocol* en la frente y no oponiendo más resistencia al peso del agua que la tensión de los músculos del cerebelo y la inclinación de la cabeza, se vió precisado a cargar otro peso que gravita sobre los parietales para aumentar la resistencia del cerebelo.

El aguador se ha visto precisado a defenderse de su propia carga, y el cuero, pues ya hemos convenido en que cuando apareció el aguador no había ni hule ni goma elástica, el cuero, decimos, sigue siendo parte integrante de este vehículo humano, tan inmediato a la bestia de carga. De cueros superpuestos es una especie de cojín que suple las diferencias anatómicas del dorso del aguador, para adaptarlo con la esfericidad del *chochocol*. De cuero es un delantal que se ve obligado a usar para defenderse de los escurrimientos y salpiques; de cuero es una pechera o collar con que se resguarda el pecho y de cuero, por fin, es una bolsa o escarcela en que lleva los tantos...

Extraño y tal vez anterior a la invención de los números arábigos y a la aritmética y al lápiz y al sentido común, lleva en su escarcela unas semillas rojas de la flor del boj, que llama colorines, y deposita en poder de la Maritornes de cada casa tantas semillas... cuantos viajes hace al cabo de un día.

José T. Cuéllar, "El aguador" en *La linterna mágica*, [1871-1872], pp. 207-208

El maíz constituía, y constituye, el alimento más común del pueblo. A falta de molinos, o porque la harina de maíz es difícil de amasar, las mujeres de cada familia son las encargadas de preparar este alimento cotidiano. La joven esposa aporta como dote al matrimonio un taburete y un rodillo de piedra llamado *metate* (palabra india) como para indicar que, en reconocimiento a la acogida que recibe dentro de su nueva familia, se ocupará de su subsistencia y proporcionará descanso a la madre de su esposo. Los panes de maíz llamados tortillas requieren de un trabajo que es parecido a aquél con que se fabrica el chocolate. Se colocan los granos de maíz en el agua, en una infusión y cuando están inflados, se muelen y se convierten en una pasta sobre el pequeño banco inclinado de piedra, que es el *metate*. El agua y la parte fibrosa caen poco a poco en una tina colocada por debajo y cuando la pasta está suficientemente bien amasada, se hacen pequeñas bolas que una sirvienta, a fuerza de darles vuelta, torteándolas entre las dos palmas, hace unas galletas muy delgadas y circulares que se tuestan durante unos instantes sobre una sartén de fierro para darles un poco de consistencia.

MOLENDERA

Claudio Linati, *Trajes civiles, militares y religiosos de México,* [1828], p. 40

MOLENDERA

La fabricación de este pan nacional es el complemento de la educación femenina en México, y el *metate* es el primero de los quehaceres en que se ejercita una joven. El metate es un pedazo de granito o de pórfiro sobrepuesto en cuatro pies muy cortos, formando un paralelogramo prolongado, ligeramente cóncavo y bastante inclinado, en todo semejante a la piedra en que se machaca el cacao para la fabricación del chocolate. Arrodillada en una estera y armada de un cilindro de piedra, la vendedora de tortillas estruja los cocidos granos de maíz que contiene una olla colocada a su lado, así como un vaso con agua para humedecer la pasta oportunamente; una artesa recibe esta pasta y de vez en cuando, y para descansar de una actitud tan violenta, se levanta la encorvada operaria, toma un poco de la pasta y sentándose sobre sus talones, se pone a amasar. Primero forma una bola, y después se va aplastando hasta el estado de una delgada torta que se pone entonces en el comal, ancho plato o fuente de color rojo, que se calienta a fuego lento en una hornilla de adobe y en pocos instantes se cuece esta especie de pan.

Ernest Vigneaux, *Viaje a México*, [1854-1855], pp. 44-45

La *molendera* es la mujer que hace la molienda en el *metate*, ya se trate de maíz para las *tortillas*, ya de café, ya de especias, si la *molendera* instala por ella misma un establecimiento en el que elabora *tortillas* para la venta o, como también es el caso, va a determinadas horas de cada día a preparalas por encargo de ciertas familias, entonces aquella se convierte en *tortillera*.

Estas *tortilleras* forman una clase distinta y separada y tienen sus propias normas y reglamentaciones para manejar su negocio. Emplean a diez o doce mujeres que muelen el maíz y hacen las *tortillas*. Cuando están preparadas, las otras mujeres que van a venderlas a las calles y mercados, se presentan con sus canastos para llevarlas, pagándolas a precios de mayoreo.

Fanny Chambers Gooch, *Los mexicanos vistos de cerca*, [1887], p. 395

MOLENDERA

LAVANDERA

Pero conozcamos antes a la Lavandera.

Morena, garrida de brazos musculosos y tostados de sol, de ancha cadera, de pelo negro y recio, dientes blanquísimos, ojos mexicanos y boca grande; mirada esa mujer hincada sobre una loza, inclinada sobre otra puesta en plano inclinado al borde del tanque y estrujando sobre la piedra el lienzo que está empeñada en blanquear.

El sudor que corre por su pequeña y cobriza frente, la espuma del jabón levanta entre sus dedos sus blancas y transparentes burbujas, y su cuerpo en un continuo vaivén sigue el movimiento de los brazos que, rígidos y tirantes, contraen los músculos para que las manos batan el lienzo sobre la piedra.

...allí se discuten, se sacan a juicio las representaciones, probidades y las historias escandalosas de la familia cuya ropa esta presente, para sufrir una purificación que jamás alcanza a los dueños de ella...

Con lo que se habla en coro alrededor del lavadero del placer, se podrían escribir muchos tomos de epigramas.

Hilarión Frías y Soto, "La lavandera" en *Los mexicanos pintados por sí mismos*, [1854-1855], pp. 294-295

Llega el sábado y he aquí a nuestra heroína que medio cubierta por las faldas de sus blanquísimas enaguas planchadas, sepultada en una nube de olanes y pliegues, llevando en un cesto las piezas pequeñas, albeando a fuerza de almidón y plancha, se dirige a hacer sus entregas.

Y a la casa donde va, es esperada con anhelo, porque ella lleva un programa de lujo, una promesa de felicidad. Devuelve limpia y por lista, la ropa que por lista y sucia recibió. Y la señora divide en fracciones la ropa, para hacer el reparto periódico entre los miembros de la familia, previo siempre un ligero debate, porque a las niñas jamás les parecen bastante tiesas las enaguas, ni al señor suficientemente blancas las pecheras de la camisa.

Sale al fin contenta de la casa, porque lleva ya envueltos en los pliegues del ceñidor los modestos honorarios con que ha de alimentar a sus hijos y hasta a su marido...

PLANCHADORA

Hilarión Frías y Soto, "La lavandera" en *Los mexicanos pintados por sí mismos*, [1854-1855], pp. 295-297

VELERO

La cantidad de cera producida en la República es más cuantiosa de lo que pudiera creerse, siendo su calidad superior como lo advierten con placer cuantos han visto las muestras que existen en el conservatorio de esta Dirección, remitidos de diversos puntos y especialmente los que han enviado las juntas de industrias de Sayula en el departamento de Jalisco y la de Dolores Hidalgo en Guanajuato, notando que es compacta y de una tez finísima, y que su blancura no puede ser mayor... En 1825 se introdujeron las dos primeras colmenas al partido de Tejupilco, distrito de Temascaltepec, departamento de México y en el día a pesar del abandono con que se las ha visto, se cuentan hasta dos mil, que dan un producto de cuatrocientas arrobas por año con las que después de abastecido el distrito queda un sobrante que se expende en los pueblos de tierra caliente del departamento de Michoacán; su precio, labrado en velas, es de 22 a 25 pesos arroba, el de la de Sayula es de trece pesos en marqueta.

Memoria sobre el estado de la Agricultura e Industria de la República, AAA, Comercios e industrias, 1856 legajo 1, exp. 14

Encontramos en primer lugar al frutero ambulante, cargando su mercancia en un canasto sobre la cabeza... y más adelante una china fuma tranquilamente su cigarro. Sigue un campesino, que será mayordomo de hacienda ó dueño de rancho, con su sombrero jarano, cotona y calzoneras, y el caballo con *anquera*, arnés que va cayendo en desuso. Dos infelices presidiarios, uno de los cuales habla con su harapienta mujer, descansan de la sucia ocupación de limpiar atarjeas de la ciudad. Les sigue un frutero indio que trae de fuera de la ciudad su fruta, acomodada en un chiquihuite sostenido por el ayate de pita. Ofrece la florera india sus frescos ramilletes con las lindas flores que las chinampas producen durante todo el año, y que no escasean ni aun en los frios mas rigorosos del invierno. El velero, al fin, lleva del taller principal, para entregar al consumo al menudeo, las bujías de sebo para los pobres: están formadas de grasa del chivo ó del carnero.

VELERO

Manuel Orozco y Berra, "Miscelánea" en *México y sus alrededores*, [1864], p. 65

CARBONERO

De vital importancia era para la ciudad la introducción y abastecimiento de materias combustibles indispensables en cocinas, ciertas industrias, hornos, hornacinas, fuelles y alumbrado privado y público.

De los grandes bosques que rodeaban al Valle de México: Desierto de los Leones, Serranía de Guadalupe, cerros de Ixtapalapa, de Santa Catarina, Caldera, Xotepec, San Nicolás y Peñón del Marqués, cerros de los Pedregales, Lomas de Tacubaya, Belén, Santa Fe, Naucalpan y los Remedios, se traía leña, carbón, madera, troncos y vigas.

Estaba muy extendido el uso de la leña y el carbón; la primera para toda clase de industrias, hornos de panaderías y de velerías, fraguas y yunques, trapiches, alambiques y demás; se usaba también para alimentar chimeneas de casas particulares y conventos, y para el alumbrado. El carbón era empleado, como hoy todavía por las clases pobres, en el cocimiento de los alimentos cotidianos. ... Las familias acomodadas usaban en sus portones uno o varios faroles; y cada tienda, cacahuatería, pulquería, tendajón mixto, panadería o cajón de ropa, por disposición municipal debería alumbrar con un hachón...

Manuel Carrera Stampa, *La ciudad de México a principios del siglo XIX,* pp. 190-191

ue un hombre curioso de este género de costumbres venga a vivir a esta ciudad tumultuosa, y no tardará en oir gritar por sus calles las mercaderías y los frutos de todas las estaciones... desde la mañana a la noche no se oye otra cosa que el estruendo de mil voces discordantes, que referiremos a continuación, y que van disminuyendo de una manera notable, perdiéndose así esta fisonomía peculiar de nuestra capital. El alba se anuncia en las calles de Méjico con la voz triste y monótona de multitud de *carboneros*, quienes parándose en los zaguanes gritan con toda la fuerza de sus pulmones: *Carbosiú!* (Carbón, señor). Poco después se hace oir la voz melancólica de los mercaderes de mantequillas, quienes sin detenerse en su marcha gritan: *Mantequía.... mantequía de a rial y dia medio. Cecina buena!* es el anuncio con que lo interrumpe el *carnicero*, con una voz ronca y destemplada: este grito alterna en seguida con el fastidioso y prolongado de la *sebera* o mujer que compra sebo de las cocinas... chilla en cada zaguán: *¡Hay seboooooo!!!* Sale ésta y entra la cambista, india que cambia un efecto por otro, y grita menos alto y sin prolongación de sílabas: *Tejocotes por venas de chile!... tequesquite por pan duro!*

CARBONEROS

Marcos Arróniz, *Manual del viajero en México*, [1858], pp. 130-131

ZAPATERO REMENDÓN

Los zapateros ambulantes (remendones) también pertenecen a una clase de genuinos proletarios. Sin duda tuvieron días mejores en su juventud y ahora han llegado a la convicción de que el mundo entero es pura vanidad. Ciertamente disfrutan de una libertad y de gran estimación y, por lo mismo, prefieren trabajar por su cuenta o no soportan el estar sentados durante horas en un taller y deciden ambular en busca de clientes. Muy temprano por la mañana [el zapatero] sale a la calle con una pequeña cesta en el brazo; se mete en los patios de las casas grandes y grita con voz ronca y profunda, alargando los tonos de las vocales: "zapatos que componer". El portero y los demás sirvientes de la casa ya lo conocen. "Pase y siéntese en el pórtico, maestro –le grita alguno de los sirvientes–, hay algo para usted." Entonces el viejo zapatero remendón vacía su cesta, extrae unas pinzas y un punzón, algunos trozos de piel, hilo, cerdas y la indispensable cera que usan los zapateros. Mientras parcha una cortada en la bota del cochero, relata la historia de sus desventuras, puramente imaginarias, como puede suponerse.

Carl Christian Sartorius, *México hacia 1850*, pp. 251-252

ENTULADOR

Por el estilo oíanse otros gritos tales como los siguientes, advirtiendo que algunas de las mercancías sólo se expendían en determinadas épocas:

Cecina buena,
No mercará usté los patos...
No tomarán chichicuilotitos vivos.
Hay sebooooo...... grito agudo y penetrante, con el que se anunciaba la que daba en cambio de sebo algunas hierbas medicinales,
Jabón de la Puebla,
Petates de cinco varas,
Petates de la Puebla,
Pescado blanco,
Tomillo, mejorana, muicle, y otros vegetales de las herbolarias.

Sucesivamente iban apareciendo durante el día mayor número de vendedores ambulantes que gritaban:
Mercarán ranas,
Tierra para las macetas,
Alpiste para los pájaros,
Comprarán tinta,
Zapatos que remendar,
Sillas que entular...

Antonio García Cubas, *El libro de mis recuerdos,* [1905], pp. 204-205

egún lo dicho, preciso es convenir en que tenemos luz; pero también convendrán udes. en que esta luz no se hizo o hace con el *fiat lucem* de la Escritura, sino que necesario ha sido un agente que la produzca y la mantenga ¿quién la produce? ¿quién la mantiene? Eso lo sabe todo aquel que haya visto al soñoliento *sereno*; a ese viviente que pertenece a la familias de los buhos, cárabos y murciélagos; al *hombre lechuza*, amigo de las tinieblas y el aceite...

El sereno es un *hombre público*, título que hiere el tímpano de algunos prójimos...

El sereno como los grandes ingenios, *cumple su misión en la tierra* iluminando al mundo. Verdad es que su luz es ajena; pero eso no le hace: ingenios hay que jamás la han tenido propia.

Tiene sus puntos de contacto con los filósofos y grandes hombres, pues como ellos vive en la soledad, y pasa largas horas meditando en la quietud y el silencio...

Por último, el sereno tiene la fortuna de que las chinches no le piquen de noche, precisamente porque emplea la receta de Quevedo esto es, *se acuesta de día.*

SERENO

José María Rivera, "El sereno" en *Los mexicanos pintados por sí mismos*, [1854-1855], pp. 75-80

DIURNO

Allí están el aguador risueño, vivo, impaciente, disponiéndose al trabajo o descansando de sus fatigas; el cargador brusco y arisco, el ranchero malicioso y desconfiado, la garbancera bisbirinda y picaresca, el mendigo a quien todos ofrecen un pedazo de pan, el billetero que ofrece buena suerte como los jitanos, el mercillero que vende sus efectos a precios más altos que en la ciudad, el soldado que a pesar de su uniforme se complace en unirse al pueblo de donde salió, el guarda diurno vijilante y severo, aunque amable y parlanchín. Allí anda el perro sin dueño, que es conocido y amparado de todos, el muchacho que silba, desafinando menos que ciertas notabilidades artísticas, buenas piezas de música, al mismo tiempo que salta y hace travesuras; la niña llena de harapos y medio desnuda, que cuando pierda su inocencia sentirá no sólo la necesidad de cubrirse como Eva, sino la de engalanarse y adornarse, y para esto probará la fatal manzana... Poned en movimiento todas estas figuras y tendreis una mina inagotable de estudios de costumbres populares, dignos de la pluma festiva de Fidel.

Francisco Zarco, "Fuente del Salto del Agua" en *México y sus alrededores*, [1864], pp. 11-12

os guardas fueron establecidos por bando de 6 de mayo de 1850. Colocados durante el día en las calles para impedir toda clase de excesos, su permanencia es de gran provecho a la ciudad, habiéndose impedido ya buen número de los crímenes que antes pasaban sin castigo.

La fuerza de policía destinada para custodia de la ciudad se compone de los guardas nocturnos, de los diurnos y de cierto número de hombres organizados a semejanza de la tropa, y que hacen ciertas fatigas.

Los guardas nocturnos tuvieron origen al establecerse el alumbrado, y desempeñan las obligaciones que desde entonces se les impusieron.

Los cabos recorren los puestos a caballo, por lo que en la manutención de los 32 caballos y en el prest de los guardas, se invierte la suma anual de 41 952 pesos.

Desde hacia 1827 se formaron en la ciudad soldados de policía a semejanza de los de Francia, llamados con el nombre de *gendarmes*; su organización empero, fue viciosa y no duraron mucho tiempo.

POLICÍA

Manuel Orozco y Berra, *Historia de la ciudad de México desde su fundación hasta 1854*, pp. 187-188

on frecuencia se observó que este modo de completar el ejército [la leva] era de escaso provecho, e inclusive Santa Anna trató de introducir el reclutamiento por medio de sorteos, entre jóvenes 'de buen carácter'. Tropezó con innumerables obstáculos, en parte por causa de la natural aversión de los mexicanos al servicio militar y, en parte, porque las nuevas tropas no podía mezclarse con las antiguas, si se pretendía adiestrar a una nueva generación; esto sin contar con que estos 'soldados de categoría' tampoco podrían ser manejados separadamente, ya que Santa Anna era detestado por todo el mundo...

Cuando los soldados se han habituado a la vida del cuartel, con frecuencia todo marcha bien y continúan en servicio hasta que llegan a viejos. Inclusive... llegan a ser excelentes soldados y en la lucha se conducen como los mejores. Mi opinión es que con buenos oficiales puede formarse un buen ejército...

MILITAR

Carl Christian Sartorius. *México hacia 1850*, p. 240

El gran quiosco central estaba iluminado por luces iridiscentes que parecían tornarse más hechiceras y de fantasía de las hadas por los innumerables espejos rodeados de musgo, las linternas de China, las brillantes y bien cuidadas plantas, la magnífica fuente con sus argentinos surtidores y su pila repleta de peces multicolores, sus estandartes y banderas con el escudo nacional, cuyo conjunto constituía una fantasía oriental que vibraba bajo la modernidad de la luz eléctrica.

La Banda de Zapadores, de fama internacional, así como otras bandas militares, tocaban alternadamente los martes, jueves y domingos, y días de fiesta de guardar. Por la noche se daban grandes conciertos de los que disfrutaba la sociedad más elegante y cultivada. Ocasionalmente se ofrecían conciertos de beneficio con fines caritativos.

Fanny Chambers Gooch, *Los mexicanos vistos de cerca,* [1887], p. 214

MÚSICOS

BOMBERO

El domingo último, momentos después del medio día, los vecinos de la colonia que en gran número pueblan el barrio elegante de Santa María la Rivera, abandonaban sus comedores respectivos cuando se preparaban a saborear los postres, porque la voz de ¡fuego! había pasado de boca en boca y sembrado alarma entre ellos...

La verdad es que la alarma creció y que las imaginarias de los Regimientos Gendarmes del ejército y otros cuerpos de línea, no corrían, que volaban, a prestar auxilio hacia la Fábrica de Cerillos "La Harmonía"...

En vista de las proporciones del siniestro fueron llamados los bomberos y se corrió la palabra a la 7ª Inspección de policía...

Un cuarto de hora después llegaron los bomberos al mando del oficial Romero...

Ya en el lugar, ordenó el Sr. Espinosa a los bomberos que abocaran una bomba dentro de la fábrica y otra en la calle del Chopo...

Eran las siete de la noche y los bomberos se retiraron...

"Una fábrica industrial extinguida por las llamas" en *Gil Blas*, 13 de junio de 1894, pp. 1-2

onfieso echar de menos la costumbre de antaño que convertía a las calles de Plateros y San Francisco... en una larga avenida florida, llena de movimientos y alegría, en donde los domingos, sobre todo, acechando el paso de la *novia* del regreso de misa, el *novio* galante sólo tenía que agacharse para tomar y ofrecerle un manojo de rosas, de heliotropos o de olorosos jazmines... Así como son de sucios y repugnantes los filósofos piojosos que embozados en sus andrajos atestan las bancas del zócalo, así son de limpios, bien presentados y de fisonomía risueña y afable los indígenas de los dos sexos que venden los ramos de flores. Uniformemente vestidos de manta blanca, un amplio sombrero de paja, corteses y solícitos con el comprador, a quien interpelan usando diminutivos infantiles, *niño, niña, niñito, niñita,* mire usted qué rosas tan bonitas, qué bonitos pensamientos, qué hermosas gardenias, ¿no me va a comprar nada? Y sus hermosos dientes blancos, sólidamente enraizados, resplandecen en una gran sonrisa. Y además, artistas naturales, que dan forma, armonizan las flores y sus colores en caprichosos arreglos: liras, coronas, estrellas, cuadros, abánicos, etc...

Gustave Gostowsky, *De París a México par les Etats-Unis*, [1899] en *La ciudad de México y el Distrito Federal*, t. III, p. 221

VENDEDOR DE FLORES

CHINA

La *China* es una criatura hermosa, de una raza diferente de la india; su cutis apiñonado, sus formas redondas y esbeltas, su pie pequeño. Se visten una enagua interior con encajes bordados de lana en las orillas, que llaman puntas enchiladas; sobre esa enagua va otra de castor o seda recamada de listones de colores encendidos o de lentejuelas; la camisa fina, bordada de seda o chaquira, y deja ver parte de su cuello, que no siempre cubre con el rebozo de seda que se echa al hombro con sumo despejo y donaire. La *china* no deja de encerrar su breve pie en un zapato de raso; sabe lavar la ropa con perfección, guisar un mole delicado, condimentar unas quesadillas sabrosísimas y componer admirablemente el pulque con piña y almendra o tuna; no hay calle por donde no se vea, airosa y galana, arrojar la enagua de una acera a otra; y en el jarabe, baile tan bullicioso y nacional, cautiva con sus movimientos lascivos, con la mirada de sus pardos u oscuros ojos. Su cabello negro está graciosamente ondulado, y de ahí les ha venido sin duda el nombre. Su carácter en lo general es desinteresado, vivo, natural, celoso y amante de su marido.

Marcos Arróniz, *Manual del viajero en México*, [1858], pp. 137-138

l *Ranchero* es uno de los tipos más curiosos del país, y, como los Árabes, su vida casi siempre pasa sobre el caballo es una especie de centauro, y su traje se compone de unas calzoneras de gamuza de venado, adornadas a los lados de botones de plata que reemplazan a la costura abrochándose a unos ojales; otros según sus proporciones las usan de paño con adornos de galón de oro... Su sombrero es comunmente poblano, con *toquilla* de cordón de plata o chaquira, cuentecillas de colores muy pequeñas con que se figura una víbora que se coloca donde regularmente se lleva una cinta; las alas del sombrero son grandes y a los lados de la copa colocan unas *chapetas* de plata en forma de águila u otro capricho. Cubren su cuerpo con la manga, que es una especie de capa, con una entrada al medio para pasar la cabeza, y alrededor de esa está colocada la *dragona* o *museta*, que es un círculo de terciopelo con flecos de seda o hilo de oro en toda la circunferencia... Los mejores *zarapes* son de Saltillo y San Miguel, las mejores *mangas*, las de Acámbaro. Son ágiles jinetes los rancheros y de índole afable y sufrida...

Marcos Arróniz, *Manual del viajero en México* [1858], pp. 136-137

RANCHEROS

VENDEDOR DE CAFÉ

arecía natural que los Españoles, acostumbrados al café desde la época referida, nos hubieran enseñado su uso; pero ya sea que fuesen más aficionados a nuestro cacao, o ya que en la misma España no hubiese encontrado muchas simpatías, lo cierto es, que a fines del siglo XVIII, algunos Italianos fueron los primeros que en esta capital lo ponían en ollas en las esquinas, vendiéndolo a la plebe, al paso que unos muchachos, en los mismos parajes, ofrecían a gritos los molletes, que tenían colocados sobre una mesita con su servilleta. Obra fue entre nosotros del siglo XIX la primera casa decentemente amueblada y regularmente servida que, del apellido de su empresario, se nombró CAFÉ DE MEDINA, en que se vendió este licor, que desde entonces comenzó a hacerse de moda, estando ya hoy su uso generalmente establecido...

Nuevo cocinero mexicano en forma de diccionario, [1888], pp. 107-108

esde primera hora de la mañana aparecen en la calle los vendedores de café negro. Su puntualidad es proverbial y podría servir de reloj a los habitantes de los barrios en que ejercen su negocio.

Fabrican su café en grandes latas de hojalata, provistas de un filtro interior y un grifo *ad hoc*. Esta lata reposa sobre un hornillo que permite servir el café caliente a cualquier hora. Los que trabajan en la ciudad de noche o muy de mañana: cocheros, cargadores y [vendedores de hortalizas] bendicen al vendedor de café que, levantado con la aurora, les ofrece una bebida caliente y reconfortante muy útil en un país donde el alba es generalmente [fresca] y húmeda.

El café no es malo y tiene la ventaja de estar al alcance de todos los bolsillos. Advirtamos que en México, país que lo produce en cantidades considerables, de las cuales algunas cualidades (las de Uruapan y Córdoba) pueden compararse al moka, lo que se sirve con el nombre de café en casi todos los restoranes de la República es una bebida negruzca nada agradable.

August Genin, *Notes sur le Mexique* [1908-1910] en *La ciudad de México y el Distrito Federal*, t. III, pp. 203-204

VENDEDOR DE CAFÉ

EVANGELISTA

Entre los tipos singulares que encontró bajo los portales, debo mencionar a los llamados "evangelistas", sujetos extraños y escuálidos, habitualmente vestidos con pantalones negros y chaquetas del mismo color. Se sientan en un bajo escabel o en un escalón, con un tablero sobre las rodillas, que usan a guisa de escritorio. Algunas mujeres, sobre todo las domésticas, susurran algo confidencial al oído de uno de ellos... el tipo frunce las cejas, alarga su cara color de cuero, sus anteojos cuelgan de su atenuada nariz, oscilando hacia arriba y hacia abajo sobre el encorvado puente... Los evangelistas vienen a ser escribas públicos, que componen cartas de amor en prosa o en verso, felicitaciones de cumpleaños, invitaciones para servir de padrino o madrina, o cartas de condolencias, etcétera, todo en la forma mas conveniente. Dependiendo del encargo, la caligrafía es normal u ornamental, con viñetas al margen que representen palomos rodeados de follaje, corazones ardientes o traspasados por flecha, rosas o cojines para llorar. ...El "evangelista" lleva siempre un pequeño maletín en el que guarda tinta, plumas y papel de fantasía para cartas de amor...

Carl Christian Sartorius, *México hacia 1850*, pp. 121-122

ay el artesano, que sea cual fuere su industria, se conoce luego por su vestido más esmerado y su continente tranquilo. Trabaja toda la semana, preferiría pasar encerrado en el taller el domingo, con tal de ir libremente a gastar el producto de su trabajo, en mujeres y pulque, el lunes.

El mexicano es esencialmente gastador, todo gobierno que quiera mejorar su clase, debe comenzar por crear en él hábitos de economía y amor a la propiedad.

Los trabajadores del campo, los arrieros, los albañiles, forman una clase aparte; y los que se dedican al servicio doméstico hacen la mayoría.

El traje del pueblo mexicano es pintoresco y hermoso. Mirad al ranchero montado en un hermoso corcel, con su calzonera de cuero de venado y su bota de campana; su cotona chapeteada de plata, y su ancho sombrero con toquilla de chaquira.

El zarape es en la mayoría una parte indispensable del vestido, y aun cuando haga un calor abrasador, el leperillo se pasea envuelto en su jorongo pintado de mil colores.

Florencio M. Castillo, "Trajes mexicanos" en *México y sus alrededores*, [1864], pp. 58-59

ALBAÑIL

os sonidos destemplados de un tambor, y a veces de una chirimía, y la grande algazara que se dejaba oir, llamaban de todos la atención hacia determinada calle. Un leperillo, precedido por el del tambor y seguido de la turba de muchachos, llevaba sobre sus hombros un petate viejo de palma a guisa de capisayo, y sobre el petate un armazón, en el que metía la cabeza, siendo la tal armadura el esqueleto de un torito de cartón, encohetado, con su cuatro patas de carrizo rígidas y abiertas. A los sonidos desapacibles del tambor, aquel hombre iba y venia dando brinquitos y vueltas sobre sí mismo, por toda la calle, y los muchachos seguíanlo aturdiendo con sus gritos y chiflidos, tratando de coger por las patas al torito, o prendiendo palomitas o cohetillos, siempre con la tendencia a dirigirlos a quien en tales momentos era el punto objetivo de sus travesuras.

TORITO

Antonio García Cubas, *El libro de mis recuerdos*, [1905], p. 287

MATRAQUERO

Los *matraqueros* que llevaban clavadas en torno de un carrizo, en alto levantado, las matracas de diversas substancias fabricadas y de distintas formas y tamaños: unas eran de madera, presentando en sus remates objetos de mueblería, otras de hoja de lata cuyos dijes adheridos, consistían en espejitos, tinas con sus calentadoras, regaderas y otros objetos análogos; habían de marfil y hueso y también de plata y oro... Aquéllas ostentaban como adornos principales roperillos y armarios con diminutos objetos y utensilios de uso doméstico, guitarrillas y violines, macetillas con plantas y flores de seda y otros dijes curiosos, y éstas, preciosos objetos de filigrana, arte en el cual siempre han sido muy hábiles nuestros plateros. Otras matracas lucían preciosas figuras de cera: ya una hermosa bailarina con su vestido vaporoso a media pierna, o la graciosa *china* con su vistoso traje tantas veces descrito...

Antonio García Cubas, *El libro de mis recuerdos*, [1905], p. 329

El *sábado de gloria* llega por fin, tan deseado por los famélicos que ayunaron, y despliega ante su hambrienta imaginación todos los sabores mas apetitosos al paladar, y al repique a vuelo que a las diez de la mañana suena en la catedral, corresponden todas las otras campanas de la ciudad; los coches de sitio que habían estado en reposo dos días, a todo trote cruzan los empedrados, los caballos a galope, y ladran los perros al ruido de tanto cohete. En las calles se ven colgadas muchas y grandes figuras grotescas de cartón, llenas de pólvora y cohetes, que se llaman *Judas*, en recuerdo de aquel traidor discípulo, y a esa hora se les da fuego, y entre ruido llamas y humo, y entre los silbidos y pedradas de los muchachos acaban en un instante, a la vista de un gran número de curiosos, y gente acomodada en los balcones. ¡Qué buena sería esta costumbre si en vez de esos muñecos, recibieran un castigo el Judas amante, el Judas amigo, el Judas pariente, en que tanto abunda el mundo y que se goza en sus falsedades! Pero la sociedad queda satisfecha con las apariencias, y le bastan esas representaciones, esos coches ruidosos y ese humo que se desvanece.

Marcos Arróniz, *Manual del viajero en México*, [1858], pp. 147-148

JUDERO

ALFAJORERA

ALFAJOR DE COCO. Se disuelven en agua y al fuego cinco libras de azúcar; se clarifica el almibar y se cuela mezclándose después con lo que produzcan dos cocos rallados, y dejándose en la lumbre hasta que tome punto de conservilla; se le añaden entonces dos o tres tazas de bizcocho tostado y martajado, según lo hubiere menester, no dejando de moverlo, después de incorporado, hasta que despegue por todos lados, pues entonces se vacía en una mesa cubierta con obleas, emparejándose luego luego, y cortándose del tamaño que se quiera; pero no se dividen los alfajores sino después que haya enfriado la pasta.

ALFAJOR DE PANOCHA. Se hace miel de panocha, y estando de punto se aparta de la lumbre; se le echa entonces clavo, canela y culantro tostado, todo molido, ajonjolí tostado, piñones y almendras; se le añade bizcocho martajado, y se deja embeber cosa de una hora. Estando fría la pasta, se vacía en platón, cajetas o cartuchos de papel. En los dos primeros casos, se adorna la superficie con ajonjolí tostado, piñones, almendras, nueces en cuartos, y un polvillo de canela.

Nuevo cocinero mexicano en forma de diccionario, [1888], pp. 17-18

... al mismo tiempo se escucha el penetrante grito de una india que rasga los oidos y que anuncia: Mecuiiiiii! (melcocha); el del quesero, que con toda la fuerza de su gaznate publica: *Requesón y melado bueno!... Requesón y queso fresco;* y el meloso clamoreo del *dulcero,* que según su nomenclatura particular ofrece a dos palanquetas..... a dos condumios..... caramelos de espelma..... bocadillos de coco..... relación frecuentemente interrumpida por la trémula y aguardentosa voz, o por el agudo chillido (según la edad del individuo) de los numerosos portadores de la fortuna popular que ofrecen hasta por medio real el ultimo *billetito* que me ha quedado para *esta* tarde..... y ese último nunca se acaba. En la tarde son comunes iguales gritos; pero pertenecen especialmente a esta parte del día el de las *tortillas de cuajada* y el fúnebre lamento del nevero, que, con voz sepulcral anuncia: *A los canutos nevados* !!!! En la estación de las aguas se ve correr por las calles varias indígenas con un trotecillo peculiar a ellas solas gritando: *No mercan nilatzio!* con cuya voz anuncian su venta de elotes; y las *nueceras* la suya con esta voz seca: *Toman nuez?*

Marcos Arróniz, *Manual del viajero en México*, [1858], pp. 132-133

DULCERO

GUITARRERO

El producto característico de este lugar [Paracho] es una especie de rebozo azul muy hermoso con una punta de seda bordada con figuras de diversos animales. Esta prenda cuesta todo lo más, dieciséis dólares. La población es famosa también por sus artísticas fajas y por sus guitarras, entre las que existen unas de juguete de apenas unas pulgadas de largo. Aquí todos son músicos y tienen su guitarra, como en Italia.

Carl Lumholtz, *El México desconocido*, [1894-1897], p. 359

El nevero... llevaba en equilibrio sobre la cabeza el cubo de la nieve y en la mano una canasta con platos y cucharitas de metal y no anunciaba su mercancía como los de hoy, gritando: "Helados de nieve" sino que la voceaba diciendo: "Nieve de limón y leche, al nevero! A los canutos nevados ¿quién se refresca?"

Antonio García Cubas, *El libro de mis recuerdos*, [1905], p. 239

NEVERO

CHIERA

Un día por comunicación telegráfica aparecen en las esquinas los puestos de chía.

Dos enormes huacales son el armazón de este mostrador portátil, se revisten de alfalfa o de trébol; se adornan en su parte exterior de amapola, de chícharo, de campánulas y mosqueta... corona esta especie de mostrador otra cenefa de rosas y demás flores vistosísimas y frescas... Sobre el puesto... se ostentan ya colosales vasos de cristal abrillantado con aguas de colores... hay también jícaras encarnadas y lustrosas, hijas del sur de México, con su maque terso y durable, y sus labores de plata curiosísimas.

Lo restante... está oculto a las miradas profanas: es la olla matriz con agua de azúcar, otra con agua de limón, piña, tamarindo, y sobre todo, la horchata de pepita y la chía, "engordando" en un lugar predilecto.

La alma de este singular conjunto, es la chiera, fresca, morena, de ojos negros, de andar resuelto, enagua con puntas, zapato con mancuerna... ya todo arreglado, tose, ve en su alrededor, y grita con un acento que le es propio: "chía, horchata, agua de limón, tamarindo".

Guillermo Prieto, "Un puesto de chía en Semana Santa" en *El Museo Mexicano*, [1844], pp. 428-429

Esta es la *Chiera*... colocada tras de su florido aparato, mostrándote su carita risueña al través de sus vasos llenos de esmeralda, de ópalo y topacios líquidos te dirá: *chía, orchata, limón, piña, tamarindo, ¿qué toma usté, mi alma? Pase usté a refrescar!...*

Apenas ve venir a su parroquiano, cuando con más empeño lanza al aire la letanía de sus refrigerantes, y aun no bien el sediento llega al puerto cuando ya la *Chiera* ostenta un vaso en la una mano, y una *jícara* roja y plateada en la otra: repite su consabida canción, terminada con la provocativa, *¿qué toma usté mi alma?* y en seguida, veloz como el viento saca con la jícara de una de las ollas cierta cantidad de agua fuertemente azucarada; la echa en un vaso, la mezcla con la chía u orchata, o bien con una infusión de piña, limón o tamarindo y en un abrir y cerrar de ojos presenta a su marchante un todo...

CHIERA

Juan de Dios Arias, "La chiera" en *Los mexicanos pintados por sí mismos*, [1865], pp. 8-10

BUÑOLERA

BUÑUELOS COMUNES. Se van mezclando poco a poco seis libras de harina con una libra de mantequilla, veinte y cuatro huevos, un cuartillo de leche tibia, un pozuelo de levadura deshecha en agua de tequesquite blanco, asentado, medio pozuelo de sal de grano, un pozuelo de agua de anís, otro de azúcar en polvo, y una tajada de calabaza grande, cocida, de color subido. Todo esto se mezcla por partes, y después se amasa mucho hasta que haga ampollas. Estando así, se cubre y se pone por dos horas al sol; al cabo de ellas se divide la masa en trozos iguales, y se va estirando del modo corriente con que las buñoleras lo hacen, procurando que las telas queden muy delgadas y sin romperse; se van friendo uno a uno en una sartén o tortera extendida, con bastante manteca.

Nuevo cocinero mexicano en forma de diccionario, [1888], p. 95

La vida animada de las calles de la ciudad fue algo nuevo para mí, pues nunca la había encontrado en ninguna otra ciudad. Especialmente novedoso para mí eran los gritos con que los vendedores ofrecían en las calles -sobre todo en las primeras horas de la mañana- verduras, frutas, pan, leche, atole y tamales, así como productos de la industria de los nativos. Los vendedores son en su mayoría aztecas y pregonan en su propia lengua, no en español, sus mercancías, de manera que únicamente los nativos de la ciudad de México entienden lo que ofrecen. Generalmente los vendedores cargan todo sobre su cabeza, en canastas y otros recipientes.

TAMALERA

Eduard Mühlenpfordt, *Ensayo de una fiel descripción de la República de México*, [1844], p. 220, t. II

117

DULCERO

En tanto que unos concurrentes se echaban al coleto sendos jarros de pulque, otros refrescaban sus fauces con el jugo de las limas o de las naranjas, y el dulcero se abría paso por entre la gente apiñada, llevando un cajoncito sobre cuya servilleta estaban los caramelos de esperma, los cartuchos de las almendras garapiñadas, acitrones, calabazates y camotes cubiertos, huevos reales y yemitas acarameladas, gritando acá y allá: *dulces para tomar agua, ¿quién se refresca?* Iba siguiéndolo un chico zarrapastroso que conducía un cántaro lleno de agua y un vaso de vidrio, para dar de beber a los que compraban dulces a su amo.

Antonio García Cubas, *El libro de mis recuerdos*, [1905], p. 255

Un viaje de Paracho a México exige un mes para ir y volver, siendo la distancia, en línea recta, de doscientas cincuenta millas. Los artículos que acarrean los hombres son artefactos domésticos, guitarras, cucharas de madera, molinillos, frazadas, mecates y jaulas de pájaros cantores, y regresan cargados de manta y cuerdas de violín y guitarra que, de paso diré, se fabrican en Querétaro con intestinos de chivo. Para Acapulco emplean un mes de ida y vuelta, llevando loza y trayendo manta, aguardiente y machetes. Este viaje es el más productivo de todos, pues la loza que compran a real la pieza, la realizan en cuatro reales, y todo lo que compran en la costa lo venden muy bien en la Sierra.

VENDEDOR DE CUERDAS

Carl Lumholtz, *El México desconocido*, [1894-1897], pp. 358-359

EPÍLOGO

Este libro es un homenaje a Antioco Cruces y Luis Campa que fueron testigos conscientes de su tiempo y nos permitieron, gracias a la calidad de sus imágenes, compartir el México que les tocó vivir. Sabemos que su colección de "Tipos mexicanos" está integrada por ochenta fotografías, pues así consta en el expediente (980/680, año 1885), de la Dirección General de Derechos de Autor. Sin embargo las fotografías no se han localizado y hemos tenido que reconstruir la serie original a partir de las treinta y siete fotografías en tamaño "tarjeta de visita" (9 x 6) y cinco en un tamaño un poco menor que el Cabinet (10x13.5), de la colección de Marco Buenrostro. Otras están en la Fototeca del INAH, en la Biblioteca Nacional y en el Museo de Arte Moderno (colección de don Manuel Álvarez Bravo). Las restantes se rescataron gracias a publicaciones de la época: *El libro de mis recuerdos* de Antonio García Cubas, publicado en 1905 y *Notes sur le Mexique* de August Genin, editado en 1910. Así hemos logrado reunir setenta y ocho imágenes, de la que suponemos fue la colección original.

Estos "Tipos mexicanos" tienen su equivalente en la palabra escrita. Historiadores, escritores, viajeros describen casi siempre con sorpresa y calidez a los personajes que daban a la ciudad vida y movimiento. Hemos querido que participaran en un contrapunto con la imagen, que esperamos sea enriquecedor. Aunque tuvimos la intención de que los textos fueran contemporáneos de las fotografías, esto es, que se ubicaran en el período comprendido entre 1860 y 1885, hay textos anteriores en el tiempo, de 1824 el más temprano, y también posteriores, como sería el caso de los de Genin que se publicaron entre 1908 y 1910. Cuando el título de la obra utilizada no incluye el año del texto, hemos puesto entre corchetes el año en que se ubica. Utilizamos dos fuentes contemporáneas: Manuel Carrera Stampa y Carlos González Peña. En todos los casos respetamos la ortografía original.

Como era de esperarse, en esta aventura no hemos estado solos. Numerosas personas e instituciones han hecho posible esta publicación. En el Consejo Nacional para la Cultura y las Artes recibimos el apoyo inicial, lleno de entusiasmo de Rafael Tovar de Teresa y a lo largo del proyecto José Luis Martínez fue actor fraternal y solidario. En la última etapa recibimos también la ayuda de Alfonso de María y Campos.

En el Fondo de Cultura Económica contamos con el respaldo de su Director General, Miguel de la Madrid Hurtado; Adolfo Castañón, como Gerente Editorial sensible al encanto de las imágenes de Cruces y Campa, acogió la idea de inmediato y María del Carmen Farías sentó amistosamente, las bases para que se lograra la coedición. En la Lotería Nacional agradecemos a su Director General, Manuel Alonso y a José Ignacio Sáinz. Fue también valioso el apoyo del personal del Centro de Emisión de Billetes de La Magdalena Contreras.

La Fototeca del INAH se ha convertido en un lugar de significación especial. La manera en que nos acoge su director, Eleazar López Zamora, la sonrisa de bienvenida de Cecilia Sierra y el conocimiento y generosidad de Heladio Vera, hace de los viajes a Pachuca un verdadero placer. Por lo demás no deja de asombrar la riqueza de los materiales que custodia esta institución. La directora del Museo Nacional de Historia, María Eugenia Lara nos dio también facilidades para la investigación. Leonor Ortiz Monasterio, buena amiga, y sus colaboradores, nos brindaron todas las facilidades para investigar en el Archivo General de la Nación. Lo mismo ocurrió en la Dirección General de Derechos de Autor, eficazmente dirigida por Carmen Quintanilla.

La Universidad Nacional es otro punto obligado del recorrido. La Dirección de Patrimonio Universitario nos permitió publicar las fotografías del álbum de Cruces y Campa que se encuentra en la Biblioteca Nacional. Para ello contamos con el apoyo decidido de Mario Melgar Adalid, Coordinador de Humanidades. El director de Investigaciones Bibliográficas, José Guadalupe Moreno de Alba y la Coordinadora de la Biblioteca, Judith Licea, así como Rosario Rodríguez, Sonia Salazar, y Jorge y Gabriela Salas, nos dieron toda clase de facilidades. En la Hemeroteca Nacional fuimos recibidos con cordialidad por la Coordinadora Aurora Cano y María del Carmen Lomelí nos apoyo con gentileza.

La Fototeca del Instituto de Investigaciones Estéticas es un gratísimo espacio. Siempre enriquecen las orientaciones de su Coordinadora, Cecilia Gutiérrez Arreola. Anima el espíritu de colaboración de los investigadores, se encuentran nuevos amigos entre la gente joven, que muestra cariño y un gran conocimiento de nuestra cultura. Tal es el caso de Ernesto Peñaloza, quien nos puso en contacto con María José Esparza. Gracias a ella nos relacionamos con el Museo de América. La Jefe de la Sección Hispanoamericana de dicho Museo, Concepción García Sáinz, hizo posible contar con la "vendedora de antojitos", figura mexicana de cera del siglo XIX. Pablo Escalante nos dió valiosa información acerca de los códices prehispánicos.

Para consultar y reproducir las fotografías de la colección de don Manuel Alvarez Bravo en el Museo de Arte Moderno, contamos con la colaboración de su directora Teresa del Conde; Ángel Suárez y Alejandra Peña fueron también gentiles. En el Instituto Mora, Ana Buriano y el personal de la Biblioteca nos dio todas las facilidades con la cordialidad de siempre.

Cándida Fernández de Calderón, Coordinadora general de Fomento Cultural Banamex, colaboró decididamente para localizar fotografías de tipos populares hechos en cera. Fotografió parte del material Pedro Berruecos, amigo solidario. Para la investigación textual fue importante la participación de José Luis Martínez que con generosidad nos permitió consultar su biblioteca y contribuyó seleccionando algunos materiales que fueron de interés. María del Carmen Ruiz Castañeda compartió con nosotros su extensa y útil investigación hemerográfica sobre el siglo XIX. La amistad José N. Iturriaga y nuestros comunes intereses, también dejaron sus señales en esta publicación.

De manera muy especial agradecemos la publicación de Hira de Gortari Rabiela y Regina Hernández Franyuti en torno a la ciudad de México: *La ciudad de México y el Distrito Federal (1824-1924)* que nos fueron de gran utilidad para la elaboración de nuestro trabajo.

En el campo de la historia de la fotografía fue importante la tesis de Patricia Massé sobre Antioco Cruces y Luis Campa. Olivier Debroise nos hizo observaciones interesantes y nos permitió utilizar el material de su libro entonces en prensa: *Fuga mexicana. Un recorrido por la fotografía en México.* Teresa Matabuena, coordinadora del Acervo Histórico de la Universidad Iberoamericana, nos facilitó una buena parte de la bibliografía que ha reunido acerca del tema.

Luz del Amo revisó amistosamente la introducción; sus aportaciones se incorporaron al texto. A Marta León nuestro agradecimiento por su intervención en la primera parte de este trabajo. César Buenrostro Moreno nos condujo a través de los misterios de la computación con infinita paciencia.

Seguramente no hemos nombrado a muchas personas que nos tendieron la mano a lo largo de este camino. Para ellos una disculpa y nuestro agradecimiento. Esperamos que quienes tengan el libro en sus manos disfruten la imagen y los textos de este álbum, tanto como nosotros disfrutamos al hacerlo.

GLOSARIO

Acocote.- Calabazo o guaje en forma de pipeta larga y estrecha, hueca y agujereada por ambos extremos que los tlachiqueros utilizan para extraer el aguamiel del maguey.

Aguacate.- Originalmente ahuacate, fruto del mismo árbol, de cáscara verde, verdinegra o negra, de carne verdosa (*Persea americana*).

Ahuautle.- Heuvecillos comestibles del mosco axayacátl (*Coriza mercenaria* y *Coriza femorata*).

Ajolote.- Batracio (*Proteus mexicanus*) de color oscuro y cerca de veinte centímetros de largo que vive en aguas dulces.

Ayate.- Manta de trama abierta tejida con ixtle o fibra de maguey que se usa para envolver y cargar.

Cacahuate.- Planta de la familia de las leguminosas (*Arachis hypogea*), de cuyas raíces se saca una almendra oleaginosa comestible.

Chayote.- Fruto comestible de una enredadera de la familia de las cucurbitáceas.

Chía.- Nombre de diversas plantas herbáceas de la familia de las labiadas, entre ellas la salvia hispánica que produce una semilla oleaginosa que se añade a las aguas frescas y de la que se extrae aceite.

Chichicuilotes.- Ave zancuda, pequeña, de piernas y pico largo del orden de los limícolas y de la familia de las pluviales.

Chichihuite.- Cesto o canasto de mimbre de forma casi cilíndrica y un poco más estrecho en la parte del asiento que en el borde.

Chimisclán.- También chimixtlán. Pan de harina de trigo, de preferencia con algo de salvado y miel de piloncillo hecho en forma romboidal y polveado con harina.

Chinampas.- Terreno artificial hecho sobre agua en el que los mexicanos de la cuenca cultivan flores y verduras.

Chochocol.- Cántaro de barro, casi esférico, de boca estrecha, que se usaba para acarrear agua; tiene asas para pasarle las cuerdas y poder cargarlo con el mecapal, como acostumbraban los aguadores.

Comal.- Disco de barro cocido, como de medio metro de diámetro que se utiliza para cocer tortillas, tostar habas, café, etc. poniéndolo sobre los tenamaxtles del tlecuil.

Guajolote.- Ave silvestre o doméstica, del orden de las gallináceas (*Melleagris gallopavo*), originaria de América.

Huacal.- Especie de angarillas o caja formada de varillas de madera entreverada y atada en el lugar en que se cruzan que sirve para transportar fruta, loza u otras mercancías frágiles.

Huipiles.- Especie de jubón de algodón, sin mangas, que usan las indias a manera de camisa.

Itacate.- Provisión de comida para el camino.

Jícara.- Vasilla o escudilla semiesférica, hecha con el epicarpio de ciertas calabazas. Por extensión palangana o bandeja de madera, generalmente pulida, barnizada y decorada.

Mayate.- Especie de escarabajo de color verde esmeralda o metálico (*Hallorina dugesil; Cotinis mutabilis*).

Metate.- Piedra negra cuadrilonga y algo abarquillada en su cara superior, que se sostiene en tres pies de la misma piedra: dos delanteros y uno trasero más alto. Sirve para moler con el metlapil maiz, cacao, chile y otras cosas.

Mole.- Nombre genérico para salsa, en particular recibe este nombre un compuesto de diversos chiles y otros condimentos que se utiliza para aderezar carnes o verduras.

Muicle.- Nombre común de diversos arbustos de la familia de las acantáceas que se utilizan como infusión medicinal y como colorante.

Octli.- Bebida fermentada del maguey, también conocida como pulque.

Petate.- Estera tejida con tule que se utiliza como alfombra, cubrecolchón, colchón, envoltura, etc.

Popote.- Planta de la familia de las gramínéas. Sus tallos con flor sirven como escoba. Como son huecos también se utilizan para succionar alimentos.

Pulque.- Bebida común en los estados del centro de la República que resulta de la fermentación del aguamiel extraido del maguey. Su color es blanco, transparente y de consistencia babosa. También se utiliza como levadura en la elaboración de panes.

Tamal.- Bocadillo de masa de maíz con relleno o sin él, envuelto en hojas de mazorca, totomochtle, o en hojas de plátano, papatla, que se cuece al vapor.

Tejocote.- Fruto ácido, comestible del árbol del mismo nombre perteneciente a l is familias de las rosáceas (*Cratagaeus mexicana*).

Tepache.- Bebida fermentada hecha de frutas, agua y piloncillo.

Tequesquite.- Sal natural compuesta de sesquicarbonato de sosa y cloruro de sodio que aparece sobre la superficie de los lagos salobres al evaporarse el agua.

Tlaco.- Moneda de cobre que equivalía a la mitad de una cuartilla. El peso tenía ocho reales, el real tenía cuatro cuartillas y la cuartilla dos tlacos.

Totopo.- Se llama así a la tortilla de maíz tostada.

Tule.- Nombre común de diversas plantas acuáticas del género *cyperus*, cuyas hojas largas en forma de espada se emplean para tejer esteras, petates, sillas y otros objetos.

Zapote.- Nombre genérico para las frutas dulces: chicozapote, cochizapote o zapote blanco, tlilzapote o zapote negro, etc.

Zenzontle.- También cenzontle y tzenzontle. Ave cánora de bello canto (*Turdus polyglutus*). Etimológicamente: ave de los cuatrocientos cantos.

BIBLIOGRAFÍA

Almonte, Juan Nepomuceno, *Guía de forasteros o repertorio de conocimientos útiles*, México, Imprenta Cumplido, 1852.

Arias, Juan de Dios *et al. Los mexicanos pintados por sí mismos*, México, Centro de Investigaciones de México Condumex, 1989.

Arróniz, Marcos, *Manual del viajero en México*, edición facsimilar, presentación de Regina Hernández, México, Instituto de Investigaciones Históricas José María Luis Mora, 1991.

Becher, Carl Christian, *Cartas sobre México*, traducción, notas y prólogo de Juan Ortega y Medina, México, UNAM, 1959. (Nueva Biblioteca Mexicana 3).

Benítez, Fernando, *Historia de la ciudad de México*, México, Salvat, 1984, tomos V y VI.

Brantz Mayer, *México, lo que fue y lo que es*, prólogo Juan A. Ortega y Medina, traducción Francisco Delpianu, México, FCE, 1953. (Biblioteca Americana núm. 23).

Bullock, William, S*eis meses de residencia y viajes en México*, traducción de Gracia Bosque Avalos, edición, estudio, notas, apéndices, croquis y revisión de texto de Juan A. Ortega y Medina, presentación de Catalina Sierra, México, Banco de México, 1983.

Cabrera Luis, *Diccionario de aztequismos*, México, Ediciones Oasis, 1964.

Calderón de la Barca, Madame, *La vida en México*, traducción, prólogo y notas de Felipe Teissidor, México, Editorial Porrúa, 1959. t. I . (Biblioteca Porrúa núm. 14).

Casanova, Rosa y Olivier Debroise, *Sobre la superficie bruñida de un espejo*, Pablo Ortiz Monasterio editor, FCE,1989. (Colección Río de Luz).

Chabrand Emile, *De Barceloneta a la República Mexicana*, México, Banco de México, 1987.

Chambers Gooch, Fanny, *Los mexicanos vistos de cerca*, México, Banco de México, 1993.

Cossío José L., *Guía retrospectiva de la ciudad de México*, textos introductorios de Guillermo Tovar de Teresa, México, Seguros de México, 1990.
Cuaderno de las cosas memorables que han sucedido en esta ciudad de México en el gobierno del Señor Conde de Revillagigedo..., México, Editor Vargas Roa, 1947. (Biblioteca de Aportación Histórica).

Cuéllar, Jose Tomás de, *La linterna mágica*, 2ª ed., selección y prólogo de Mauricio Magdaleno, México, UNAM, 1955. (Biblioteca del Estudiante Universitario, núm. 29).

Debroise, Oliver, *Fuga mexicana. Un recorrido por la fotografía en México*, México, CNCA Dirección de Publicaciones, 1994. (En prensa).

Delgado, Rafael, *La calandria*, México, Editores Mexicanos Unidos, 1992.

Fernández Ledesma, Enrique, *La gracia de los retratos antiguos,* prólogo de Marte R. Gómez, s/e, México, 1905.

García Cubas, Antonio, *El libro de mis recuerdos,* México, Editorial Porrúa, 1986. (Biblioteca Porrúa núm. 86).

García Cubas, Antonio, *El libro de mis recuerdos,* México, Imprenta de Antonio García Cubas Sucesores Hermanos, 1905.

García Sáiz, María Concepción, *Las castas mexicanas,* prólogos de Diego Angulo Iñíguez, Roberto Moreno y Miguel Angel Fernández, Italia, Olivetti, 1989.

Genin, Agust, *Notes sur le Mexique,* México, Imprenta Lacaud, 1908-1910.

González Peña, Carlos, "De las pechugas a las chilindrinas" en *El nicho iluminado,* México, Editorial Stylo, 1947.

González y González, Luis, Emma Cossío Villegas y Guadalupe Monroy, "La vida social. La República restaurada" en *Historia Moderna de México,* 2ª ed ., México, Editorial Hermes, 1974.

Gortari Rabiela, Hira de y Regina Hernández Franyuti, *La ciudad de México y el Distrito Federal (1824-1924),* México, Instituto de Investigaciones Históricas José María Luis Mora, 1988. tomos II y III.

Gouffé, Jules, *El libro de cocina,* México, Rodríguez y Co. editores y Dublán y Comp. impresores, 1893.

Hernández, Manuel de Jesús, *Los inicios de la fotografía en México 1839-1850,* México, Editorial Hersa, 1989.

Historia de México, coordinador Ernesto de la Torre Villar, México, Salvat Mexicana de Ediciones, 1978. t. 10, pp. 2136-2364.

José Guadalupe Posada. Ilustrador de la vida mexicana, México, Fondo Editorial de la Plástica Mexicana, 1963.

Kolonitz, Paula, *Un viaje a México en 1864,* México, SEP-FCE, 1984. (Lecturas Mexicanas núm. 41).

Linati, Claudio, *Trajes civiles, militares y religiosos de México,*1828, introducción Porfirio Martínez Peñaloza, traducción Luz María de Porrúa y Andrés Henestrosa, México, Miguel Ángel Porrúa, 1979.

Lumholtz, Carl, *El México desconocido,* México, Editorial Olimpo, 1959.

Massé Zendejas, Patricia, *La fotografía en la ciudad de México en la segunda mitad del siglo XIX,* tesis UNAM, México, 1992.

México y sus alrededores, edición facsimilar de la segunda publicada por J. Decaen en México, 1864, prefacio de José E. Iturriaga, México, Inversora Bursátil, Sanborns Hermanos y Seguros de México, 1989.

Molina, Alonso de, *Vocabulario de lengua castellana y mexicana y mexicana y castellana*, México, Editorial Porrúa, 1992. (Biblioteca Porrúa núm. 44).

Mühlenpfordt, Eduard, *Ensayo de una fiel descripción de la República Mexicana*, México, Banco de México, 1993, 2 tomos.

Novo, Salvador, *Cocina mexicana o historia gastronómica de México*, México, Editorial Porrúa, 1967.

Novo, Salvador, *La ciudad de México en los meses de junio y julio de 1867*, México, Editorial Porrúa, 1967.

Nuevo cocinero mexicano en forma de diccionario, edición facsimilar, México, Miguel Ángel Porrúa, 1989.

Orozco y Berra, Manuel, *Diccionario Universal de Historia y Geografía*, México, Imprenta de F. Escalante. Librería de Andrade, 1854, t. V.

Orozco y Berra, *Historia de la ciudad de México desde su fundación hasta 1854*, México, SEP, 1973. (SepSesentas núm. 112).

Ortiz Macedo, Luis, *Eduard Pingret*, México, Fomento Cultural Banamex, 1989.

Payno, Manuel, *Los bandidos de Río Frío*, prólogo de Antonio Castro Leal, México, Editorial Porrúa, 1986. ("Sepan cuantos..." núm. 3).

Priego Ramírez, Patricia y José Antonio Rodríguez, *La manera en que fuimos. Fotografía y sociedad en 1840-1930*, Querétaro, Secretaría de Cultura y Bienestar Social. Gobierno del Estado de Querétaro, 1989.

Prieto Guillermo, *Cuadros de costumbres 1*, compilación, presentación y notas de Boris Roses Jelomer, prólogo de Carlos Monsivais, México, CNCA, 1993.

Prieto Guillermo, *Memorias de mis tiempos*, 4ª ed, México, Editorial Patria, 1964. (Colección México en el siglo XIX).

Ríos Zertuche Diez, Fernanda, *Noticias hemerográficas sobre el uso de la fotografía en la ciudad de México*, Tesis UIA, México 1985.

Rivera Cambas, Manuel, *México pintoresco, artístico y monumental*, México, Editora Nacional, 1967, t. I.

Santamaría, Francisco J., *Diccionario de mexicanismos*, México, Editorial Porrúa, 1959.

Sartorius, Carl Christian, *México hacia 1850*, México, CNCA Dirección de Publicaciones, 1990. (Colección Cien de México).

Sougez, Marie-Loup, *Historia de la Fotografía*, 3ª ed., Madrid, Ediciones Cátedra, 1988.

Vigneaux, Ernest de, *Viaje a México,* México, SEP/FCE, 1982. (SEP/80 núm. 40).

HEMEROGRAFÍA

Atget, Geniaux, Vert. Petits métiers et types parisiens vers 1900, catálogo, París, Musées Carnavalet, 1984.

Carrera Stampa, Manuel, *La ciudad de México a principios del siglo XIX*, sobretiro del núm. 2, t. XXVI de *Memorias de la Academia Mexicana de la Historia*, México, 1967, pp. 184-231.

Debroise, Olivier, "Producción Fotográfica en México 1839-1899" en *La cultura en México*, suplemento de *Siempre!*, México, 27 de noviembre de 1835, núm. 1236, pp. 40-48.

El Constitucional 1862.

El Museo Mexicano 1843-1846.

El Siglo Diez y Nueve 1862-1867.

Gil Blas 1894.

La Iberia 1868.

La Orquesta 1867.

México y sus costumbres 1872.

El que se mueve no sale! Fotógrafos ambulantes, Catálogo, México, Dirección General de Culturas Populares, 1989.

Jiménez Manuel, "El árbol del Perú" en *La Naturaleza*, 1ª serie, t. II, México, Imprenta de Ignacio Escalante y Ca., 1872, pp. 1872, pp. 217-220.

Massé, Patricia, "Reflejos paralelos. Cruces y Campa/Juan Cordero" en *La Jornada Semanal*, nueva época, núm. 80, México, 23 de diciembre de 1990, pp. 30-42.

Massé, Patricia, "Luis Campa, grabador y fotógrafo" en *Historias*, núm. 26 México, INAH, 1991, pp. 83-87.

FUENTES ICONOGRÁFICAS

Para las fotografías de Cruces y Campa:
Fototeca Nacional INAH: pp. 38, 50, 51, 52, 61, 66, 70, 80, 85, 97, 103, 110, 111.
Museo Nacional de Arte Moderno: Col. Manuel Álvarez Bravo: pp. 64, 65, 76, 86, 102, 107, 118.
Biblioteca Nacional UNAM: pp. 30, 39, 62, 92, 98, 112.
Col. Marco Buenrostro: Portada, portadilla y pp. 27, 28, 29, 31, 32, 33, 35, 36, 37, 43, 44, 45, 46, 47, 48, 49, 53, 54, 59, 60, 63, 67, 68, 69, 71, 75, 77, 79, 81, 83, 84, 87, 91, 93, 94, 95, 96, 99, 100, 101, 108, 109, 113, 114, 115, 116, 117, 119.
Antonio García Cubas, *El libro de mis recuerdos*: pp. 34 y 86.
August Genin, *Notes sur le Mexique*: p. 78.
Otra gráfica:
Plano de la ciudad de México, Archivo General de la Nación, segunda de forros.
José Ma. Velasco, "El valle de México", fotografía Rafael Doniz, archivo Ma. Elena Altamirano Piolle. pp. 8-9.
Casimiro Castro y J. Campillo, "Trajes Mexicanos". *México y sus alrededores*, tercera de forros.
Carlos Nebel, "Paseo de la Viga". *Viaje pintoresco y arqueológico por la República Mexicana*, Fototeca IIE-UNAM. p. 25.
Casimiro Castro y J. Campillo, "Calle del Puente y de Roldán". *México y sus alrededores*, Fototeca IIE-UNAM. p. 41.
Casimiro Castro y J. Campillo, "Trajes Mexicanos". *México y sus alrededores*, Fototeca IIE-UNAM. p. 57.
Casimiro Castro, "La fuente del Salto del Agua". *México y sus alrededores*. Fototeca IIE-UNAM. p. 73.
Casimiro Castro y G. Rodríguez, "Colegio de Minería". *México y sus alrededores*, Fototeca IIE-UNAM. p. 89.
Casimiro Castro y J. Campillo, "Trajes Mexicanos. Un Fandango". *México y sus alrededores*, Fototeca IIE-UNAM. p. 105.
Nota: Las imágenes de las páginas 34, 78 y 86 provienen de publicaciones de la época, de ahí la diferencia en la reproducción.

¡Las once y serenooo!
Tipos mexicanos. Siglo
XIX es una coedición del
CNCA, el FCE y la Lotería
Nacional. Se terminó de imprimir en
el mes de octubre de 1994 en el Centro
de Emisión de Billetes de la Lotería
Nacional en La Magdalena Contreras
y de encuadernar en la Impresora y
Encuadernadora Progreso. Se utilizó papel
couché mate de 150 gramos. La tipografía se
hizo en tipos *Bookman bold* de 12 y 10 puntos.
Se tiraron 5,000 ejemplares más sobrantes para
reposición. La asesoría editorial fue de
Francisco Muñoz Inclán. La captura la realizó
Ethel Elena Lenz. Colaboró en la corrección de
textos Osvelia Molina. El cuidado de la edición
estuvo a cargo de Ana Arenzana y los autores.
La coordinación de este proyecto fue
responsabilidad de María del Carmen
Farías. La coordinación editorial y el
diseño del libro estuvieron a cargo de
Cristina Barros y Marco Buenrostro:
Taller creativo El Tecuani